紅沙龍

Try not to become a man of success but rather to become a man of value.
～Albert Einstein (1879 - 1955)

毋須做成功之士，寧做有價值的人。 —— 科學家　亞伯．愛因斯坦

沒有唯一，哪來第一。

捷安特劉金標
與你分享的人生思考題

劉金標——口述　尤子彥——撰稿

七十三歲，成功挑戰自行車環島，是我人生最有價值的紀錄。
八十歲時，YouBike 推廣成效世界第一，是我這一生最有意義的事。

騎自行車讓人愉快，也教人學會堅持；騎車更累積最佳的健康儲蓄。
只要騎得動，我希望將不能騎車的那一天一直往後挪，直到騎不動為止。

開車太快，走路太慢，騎自行車才能留住人生的美好風景。

—— 劉金標

推薦序 1

向前跨出去的力量

沈方正

一九九二年，我因工作關係接待德國客戶，公務結束後對方請我幫忙，帶他去買可以寄回國的高級運動自行車。當時我滿心懷疑，高級自行車不都歐洲做的嗎？便回答我不知要去哪買他需要的車，客戶說，那你幫我找捷安特（GIANT），我才恍然大悟，原來捷安特早已名揚海外，國人因為沒有自行車運動風氣，還把自家國際品牌當代步車廠商，回想起來真是罪過。

二〇〇二年，奉派回知本老爺服務，好山好水是騎車天堂，我當下決定購置好車一輛，由於喜歡研究東西的個性，我花了近一個月閱讀日本、美國的專業雜誌與資料，了解自行車的種類、品牌、結構、零件及搭配方式，眾裡尋她千百度，最後決定是 GIANT TCR2 ——我的小黃，也是人生第一輛高階公路車。自此，從知本往太麻里看日出、沿著台九線享受美景，以及參加東北角和雙溪的鐵人雙項、鯉魚潭和梅花湖的鐵人三項、洄瀾兩百K和環花東自行車賽等大小賽事，加上斷斷續續完成的環島，一路上，「她」都是我不可或缺的好夥伴。

現在，作為一個台北市民，我以踩踏 YouBike 為美好生活築夢；作為一個尋求自我突破的平凡人，我則從閱讀本書一篇篇標哥口述的動人故事，轉動未來人生夢想。

從不經意間進入自行車業的門外漢，到做到世界第一；從只是為了試車而騎自行車，到七十三歲決心以自行車挑戰環台，標哥可說是有著無比毅力、耐力與決心的企業家，但書中提到從代工轉向品牌、巨大集團自行研發領先的碳纖車架、結合競爭者成立「A-Team」建立台灣自行車產業競爭力，乃至成立基金會推廣自行車運動，進而投入 YouBike 等的突破，卻不是光有決心和毅力就能夠達成。

我的體悟是，對於想要做一件「對的事情」，標哥所下的正向念力無比強大，這樣的力量不只支撐了自己，也感染了巨大集團上下，並進一步希望擴散到全台各地，且大步跨出台灣。

啟動「善的循環」，是我對巨大集團以及標哥多年經營成果的最好形容。閱讀本書，我從中受益良多，也誠摯分享給目前一時找不到方向、找不到未來的年輕朋友，可以從中得到被鼓舞的力量。

最後，容我引用本書內文的一段佳言：「我常對年輕人說，就像騎自行車，向前跨出去一步，才能看到前面的風景；生涯的過程也是一樣，一定要跨出去，不要怕，做了以後自然就會看到下一個機會。」真心想告訴標哥：我也是這樣相信的，也會抱持這樣的信念繼續努力，謝謝您！

（本文作者為老爺酒店集團執行長）

推薦序 2

自行車時尚文化的推手

施振榮

我與劉董事長相識的因緣，是因當年一起創立「自創品牌協會」，推動台灣企業投入經營品牌，經多年努力，台灣企業經營品牌已在不同領域展現成果，該協會如今也與其他協會合併成「台灣精品品牌協會」。

劉董事長長期為提升台灣的品牌形象不遺餘力，投入的努力值得讚揚，特別是他在中部推動建立「A-Team」，改變自行車產業單打獨鬥的文化，帶動產業的共存共榮，建立符合王道精神的產業生態。

其次劉董事長克服了成本問題，成功區隔產品定位，帶領捷安特的自行車產品朝中高價位發展，未受制大陸廉價勞力的影響，仍能在台灣較高的勞工成本下，不斷創造價值。

更重要的是，劉董事長舉辦各種活動讓自行車運動成為生活時尚（Life Style），進而創造更高的附加價值。這種生活文化的體驗價值，是一種無形的價值，可以大幅提高硬體的附加價值，是推動台灣產業升級的新核心能力，值得產業思考及學習。

而劉董事長與台北市政府攜手推動「YouBike 微笑單車」，不僅響應全球節能減碳的風潮，也為台北市創造全新的觀光價值，這套系統背後整合許多科技，從使用者為中心的思考設計，讓使用者透過悠遊卡十分容易借車、還車，打造出極佳的單車體驗。

台灣的經濟已邁入知識經濟、創意經濟、體驗經濟，過去產業的傳統思維較重視有形、直接的顯性價值，但在新經濟來臨後，未來以無形、間接的隱性價值，將逐漸展現其創造價值的力量，本書十分值得大家參考學習，在此推薦給大家。

（本文作者為宏碁集團創辦人）

推薦序3

父親

劉麗珠

我是長女，從小父親就很疼愛，下班回來總會親我臉頰，可是也愛逗我，占我便宜，常常惹得我跳腳，他就自顧自去忙他的事，一副不相干的樣子。所以，我雖然覺得父親疼我，但又不確定他是否真的在意我。

幾十年過去，我對父親印象最深刻的，還是約莫四、五歲時，有一天他回來看到我，就很高興又要親我，我說不要，他商量說，妳讓我親一下，我就給你一塊錢。我說好，就給他親了右臉頰，親完，他卻走開了。我追著父親要一塊錢，他不給，我吵著說：「你自己說親了就給一塊錢的啊！」他竟然說，那是親兩邊才有，只親一邊當然不用給。我只好很配合的請他親我的左臉頰，父親竟回答：「我現在不想親了，明天你再還我。」

這樣莫名的感覺一直揮之不去，到了高中還是如此。看同學的爸爸都接前接後的照顧他們，父親卻不會為我們做特殊的繞路或配合，甚至，後來我的小孩要騎的童車，父親都叫我自己去買。我嘟著嘴說那就不是爺爺送的了，他也無所謂。我常常感慨跟媽媽抱怨，爸爸是一個不知道如何愛小孩的父親。不過，我們幾個小孩都習慣了父親的個性，個個反而都很獨立，跟父親的感情也很好（我想這要歸功於我母親）。

隨著長大成人，我不想到巨大公司上班，因為不知道如何轉換女兒變部屬的情緒，父親竟也無所謂，認為不來就不來。倒是我到外地工作，碰到對公司或上司有不滿的事，想到父親也是老闆，或許可以從他那裡尋求答案。幾次請益和長談後，我才對他有更深的認識，心想父親還真是有兩把刷子。

有一陣子因為工作倦怠，而對公司新上任董事長的行事風格很不滿，而且新董事長還計畫要像巨大一樣做自行車！我從未讓公司知道我的背景，很擔心公司如果知道我父親是劉金標，認為我是臥底的，那我跳到黃河也洗不清了。

不知所措時，就趁父親出差臺北，跟他約時間見面，父親聽我邊哭邊講，沉默了一陣子才說：「妳換個工作吧！」這一換工作，我的世界就因而變了。我常常想，如果沒有父親指點，我不知道要折磨自己多久。我很珍惜原來的工作，因為在那個時代，擁有一份穩定的工作，並不容易。

幾年前，小兒子從紐約大學商學院畢業，立刻在美國一家知名外商金融業找到薪水優渥的工作，我很得意告訴父親，他孫子的工作真是錢多事少。他一聽卻叫我轉告兒子，這個工作不可以久做，了不起一年就該換了。問他為什麼，這可是人人羨慕的工作啊！父親的回答是，這種工作輕鬆、薪水高的easy money，會磨掉一個人的志氣，人只會越來越懶。

這就是我的父親，永遠有他自己的想法，永遠有很深的危機意識，也讓人要花很長的時間才懂得他。

《沒有唯一，哪來第一》這本書道盡了父親從事自行車業以來，一長串的獨特見解與做法，我可以理解，公司同仁前期的抗拒與後期的佩服，就像我的成長一樣。

如果讀者看完這本書，就能懂得我父親的邏輯，那麼恭喜您！不必像我一樣，經歷多年的適應才與他同步。

同時，也要恭喜作者，尤子彥先生的功力！

（本文作者為自行車新文化基金會執行長）

推薦序4

各界名人推薦

（按姓氏筆畫序）

開發中國家建立世界級品牌極為困難，A-Team 胸懷是產業界的典範，劉金標先生的睿智、毅力和策略，更是我們學習的榜樣。

——上銀科技董事長 卓永財

標哥身為「自行車傳教士」的使命感與熱情，透過本書躍然紙上。他以超越隨心所欲不踰矩的高齡，一次次挑戰自我極限，甚至遠征異國自行車旅程。不計盈虧，以逆勢、順勢、創勢的積極態度推廣 YouBike ，為傳統自行車業打造出富有內涵與故事的全新生命力。這不僅僅是標哥的人生風景，更是淬鍊後的生命意境，誠摯推薦這本雋永好書，值得您細細品味。

——信義企業集團董事長 周俊吉

「捷安特」已經是全球規模第一，但「自行車傳教士」標哥並未因此鬆懈，反而展開更艱難的任務——從「製造」到「創造」：推動「自行車新文化」、「自行車節」、「轉動台灣向前行」、「單車成年禮」、「環島自行車道」，標哥大公無私的奉獻於「改變產業生態」、「改變消費行為」、「改變世界環境」、「改變健康態度」，他相信：唯有「創造」才能成為永恆「唯一」。

——A-Team 台灣自行車協進會會長、桂盟集團董事長 吳盈進

我也是自行車的愛好者，深深認同騎自行車，是探索台灣之美的最佳速度。標哥不只兩度親自實踐環島夢想，更將台灣的美好生活型態輸出到

海外，他的逆風哲思，和精采的過癮人生，是一段充滿啟發值得細細品味的人生風景，稱他是「單車上的蘇格拉底」，實至名歸！

——全聯福利中心總裁 徐重仁

我一直認為捷安特是台灣在「生產品牌化」、「品牌國際化」、「產業文創化」等產業升級的道路上，最為躡影追風的先行者之一，相信閱讀此書的逐夢朋友與創業志士們，一定可以和我一樣，藉由劉董事長這條「只求唯一」的自行車創業路，用更健康、活力與創意的堅定步調，發現其實人人都可以輕車快馬的將競爭踩在輪下，充滿詩意的領略更繽紛寬廣的人生風光。

——法藍瓷創辦人暨總裁 陳立恆

劉董事長無私的奉獻精神，是再次啟動熱情人生的青春祕方，大我情操帶動社會正向力量的服務理念，更令人感佩。

——國際扶輪總社社長　黃其光

老一輩騎自行車，是因為現實很骨感（不富裕），人生老想掙錢往四輪的車鑽；但車越換越好，心越來越老，身體檢查報告越來越糟，於是關上四輪車門，重新騎兩輪上路。一路上，在汗水與痠痛中，體重消了、人骨感了、視野豐滿了，也找到人生的圓滿。

劉董事長終其一生打造的一切，圓滿了我的人生風景，這是我特別尊敬他的原因，其事業經營智慧，讓我了解到，若不具毅力，在任何行業，都無法獲得成就。劉董事長是台灣生活產業輸出的成功典範，而他的峰頂人生，也才正要開始！

——北京萬通控股主席　馮侖

《沒有唯一，哪來第一》書中傳達了劉董事長注重「品質」與「創新」的理念，勇於變革，永續經營，值得經營者學習。

——台達集團創辦人暨榮譽董事長 鄭崇華

劉金標董事長以創新和追求卓越的精神，實現「台灣唯一」、「世界唯一」，不僅創造事業的成功，也創造生命不凡的成就，為台灣人的成功典範。

——亞洲大學創辦人暨董事長、中國醫藥大學暨醫療體系董事長 蔡長海

「一段好的風景，用走的太慢、開車又太快，騎自行車剛剛好。」因為標哥的啟發，我開始愛上自行車運動。

二〇一一年十二月三十一日，我參加「轉動台灣向前行」活動，從此騎自行車便成為我假日休閒的運動項目之一。二〇一三年，我帶領安利中

國一萬二千名營銷人員到淡水河畔，體驗台灣的自行車文化，這些人回到大陸後也開始騎車。標哥推廣自行車所掀起的漣漪，不僅對民眾生活、城市街景造成影響，他改變世界的方式，也比他自己埋解的更多。

——安利大中華區副總裁暨安麗台灣總裁　劉明雄

劉董事長身體力行，發揮傳教士精神推廣自行車新文化，終能帶動產業脫胎換骨，令人敬佩。

——喬山健康科技董事長　羅崑泉

我被劉董事長的人格特質和親和感所打動，更相信他所提倡的「自行車新文化」，可以帶給人們幸福。劉董事長是我在台灣的父親！

——日本愛媛縣知事　中村時廣

劉董事長盛讚「島波海道是自行車樂園」，這句話對正積極著手自行車道建設與旅遊推廣的我而言，是一份極為珍貴的鼓勵，給了我無比勇氣。我希望能效法劉董事長，抱持同樣的熱情，在廣島縣繼續深耕「自行車新文化」。

——日本廣島縣知事　湯崎英彥

沒有唯一，哪來第一

【目錄】

作者序

我在單車上遇見蘇格拉底

尤子彥

如何才能認識自我，找到真正的熱情所在？什麼才是經營事業的正道？人生的成長與終極價值，又該如何創造並定義？在如此眾聲喧譁的年代，答案總是令人眼花撩亂。

何其有幸，主跑財經產業新聞多年的我，在多次與創辦捷安特品牌的巨大集團董事長劉金標一起騎自行車時，找到充滿啟發且雋永的答案。特別是，這條尋求人生解答的路上，不僅俯拾皆智慧，更是沿途風景明媚的千里之行。

二〇〇七年，劉董事長七十三歲，受到電影《練習曲》對白——「有些事現在不做，一輩子都不會做了。」所激起的急迫感，忍著坐骨神經痛和小腿靜脈血栓炎宿疾，完成十五天、總計九百二十七公里的自行車環島。在台東知本往濱海的台十一線公路上，我親睹他沿途護腰纏身，埋頭苦騎奮力前進，為自己出征。

七年後，八十歲的他二度騎單車環台。這回，他歲數益長，但卻以更短的十二天，挑戰比上次更長的九百六十六公里；我一面進行《商業周刊》封面故事採訪，同時也完成個人的首次單車環台行。

這趟路上，劉金標說，他一直在學習年輕，不允許大家稱他「劉董」，所以我便隨大夥改稱他「標哥」。

和「劉董」比起來，「標哥」騎車既穩且快。行經台東太麻里濱海路段，標哥在車胎寬度僅二十三釐米的捷安特旗艦公路跑車 Propel 上，飆出近五十公里的下坡巡航時速，速度直逼環法職業選手，讓隨行的捷安特旅行社同仁嚇出一身冷汗。

之後，二〇一四年十月底，我們共同遠征日本，在被CNN評選為「全球最美的七條自行車道」之一，跨越瀨戶內海的島波海道，參加由當地愛媛縣與廣島縣政府共同舉辦的「國際自行車大賽」，快意奔馳於當天全線封鎖汽車通行的高速公路上，完成百餘公里異國單車旅程。

有別於先後兩度環台，以突破自我作為挑戰目的；對定位自己為「自行車傳教士」──傳「自行車新文化」的標哥來說，遠赴國外騎車，是要把騎自行車帶來美好生活的福音，從台灣傳到全世界。

既是傳教，自應有追隨者，日本愛媛縣知事中村時廣便是信眾之一。以推廣自行車騎乘風氣，做為振興地方觀光施政要務，深受劉董親身啟發的中村時廣說：「我要成為日本的自行車傳教士！」

期間，為進行本書的深度訪談，我多次和標哥相約週末，清晨五點半準時於台中朝馬轉運站集合，沿著例假日時，他經常一個人騎車健身的路線前進；並在爬過一整座大肚山的晨光之後，落腳麥當勞餐廳，聽這位我在單車上遇到的「蘇格拉底」，一邊大口吃漢堡，一邊分享他逾半世紀的事業經營心得，以及因為騎車而體會到的逆風哲思。

前向き

「進取」便是標哥在一次訪談結束前，有感而發在我採訪筆記本寫下的人生心得。這兩個字，讓我想起標哥曾比喻過的，「經營事業和騎自行車一樣，踩一步就進一步，你不踩就倒掉」，唯有開始前進，人生才可能找得到解答。不只事業，標哥看待自己的人生軌跡，亦如是觀。

我接觸過上千位採訪對象，在我眼中，劉金標不只是創立全球最大自行車集團，事業版圖猶如世界地圖的成功企業家；帶頭成立A-Team，讓自行車產業在台灣扎根、升級，繼續前進的標竿人物；更特別的是，他因騎車，騎出傳教士般的志業熱情，以及如倒吃甘蔗的人生逆轉滋味。

儘管巨大已穩居全球自行車龍頭寶座，公司市值亦續創新高，但標哥卻說：「一生最有價值的事，是七十三歲騎自行車環島」，因為那是百分之百靠自己踩出來，沒有任何運氣成分所創造出來的人生紀錄；「一生最有意義的事，是把 YouBike 做到世界第一」，雖然不是獲利的事業，但騎車市民臉上的笑容，卻令人欣慰。

這樣的淬鍊，不但讓其事業成就維持不墜；所反覆醞釀的人生心得，更帶給我深刻體會，每回與他同騎對話，皆是一趟與智者前行的心靈洗禮。

這便是作為記者，採訪工作致命吸引力所在——親臨多數人不能及的新聞現場，不僅採擷第一手新聞事件，亦飽覽鏡頭之外的歷歷風景；更因為開口訪談，人生旅程，便交疊了採訪對象的生命軌跡。

「如是我聞」，是佛經開卷的用語，當中的「我」，是指伴隨佛陀講經說法的侍者阿難，他謹記佛陀一言一語，並將之完整記錄為佛經。因此，佛經中出現的「如是我聞」，便是指阿難「親耳聽到佛這樣說的」之意。

將這四個字，略做修改為「如是我騎」，當可說明這本書的出版緣起。其意思便是，做為記者的我，「有幸和自行車傳教士劉金標騎車時，親自聽到他這樣談人生。」

GIANT

Part 1
認識自己夠深，就可以掌握命運

人生最困難的事，就是認識自己。
The most difficult thing in life is to know yourself.
——古希臘哲學家泰勒斯(Thales)

前言

追逐金錢，卻找不到自己的根。

「從現在起，我要開始學習如何當博士！」二〇一四年六月七日，巨大集團董事長劉金標八十歲生日前夕，接受亞洲大學授予名譽管理學博士，當著滿場應屆畢業生，他這樣勉勵自己。

在此之前，劉金標的最高學歷是高職肄業。

他對在場所有年輕人說，自己不是好學生，學歷不佳的他，繼續升學夢碎，只好轉向社會學習，因為社會是一所不給文憑的超級大學。

這是劉金標首度在面對公眾的演講場合，坦承自己的缺點：「我年輕的時候衝勁十足，但毅力不夠，每兩、三年就換一個工作……」

年輕的劉金標，找不到事業重心，也曾對人生感到困惑，抱著聽明牌買股票的菜籃族心態，聽到人家說什麼生意好賺就做，是一個以利潤為第一優先的生意人。直到一九七二年他三十八歲那年，和友人成立巨大機械，跨入自行車行業，一頭栽進去之後，發現不如想像中的簡單，必須下功夫踏實經營才可能成功，劉金標這才驚覺，自己一直都在追逐金錢卻找不到根，這樣的日子過得一點也不踏實，「難道就要這樣過一生嗎？」他逼問自己。

誠實面對自我，徹底反省缺點，從那一刻起，劉金標放棄所有其他投資與合夥事業的兼職，一心專注在自行車行業，更選擇一條沒人走過的路。

當別人還在搶內銷生意，他著眼國際市場；為了做出外國客戶要求的品質，他像苦行僧般，說服每家零件廠商統一規格，前四年公司不賺錢，也咬牙堅持不放棄，與過去只想賺容易錢的劉金標，判若兩人。

這樣的改變，像是一條引信，引燃了他人生下半場的無限可能，不只在接近五十歲時，擺脫代工宿命，自創品牌；六十歲之後，除經營中國市場有成，更以產業龍頭的熱情和使命感，讓自行車產業扎根台灣；七十三歲這一年，則是挑戰自行車環島，重新啟動追逐夢想的引擎。

如今，巨大集團年產近七百萬輛自行車，是全世界營收最高的自行車集團，不但將百年傳統行業根留台灣，所打造的「GIANT」捷安特品牌，更是真正走進國際市場的台灣精品，全球八十餘國，擁有超過一萬兩千家經銷店，銷售捷安特產品；和全球變速器龍頭大廠島野（Shimano），共同冠名的 GIANT-Shimano 車隊，更飆進二〇一四年環法自行車大賽（Tour de France）屢創佳績，在這個全球觀看人數前三大的運動賽事中，成為眾人目光焦點。

在起跑點屢仆屢起，接近人生中場才徹悟，並在通過折返點之後，擁抱甜美的勝利果實，可說是劉金標的人生寫照。

回首來時路，他的體會是，只要下功夫「認識自己」，每個人絕對可以掌握自己的命運，一旦真正認識自我，過去的閱歷和潛力，就能發揮出來，成為改造自身的巨大能力。

然而，人卻很難真正了解自己。認識自己是一條漫長的路，而且，就像騎自行車一樣，別人永遠無法為你代勞。

1

我五十歲，才真正認識自己。

十九歲那年，離開學校之後，我一度在父親投資的公司做事，學做罐頭、麵粉等生意，可能因為我是么兒，覺得在父親的公司綁手綁腳，比較不能發揮，所以沒多久，就自己出來創業了。

我年輕時很好動，做過太多行業，經營過木材、螺絲釘、碳酸鈣等工廠，還開過汽車貨運行，賣過日本進口的魚飼料，也曾經和朋友一起投資養殖鰻魚等，兩、三年不到就換一個行業。

換過這麼多截然不同的行業，並非都失敗收場，只是當時心態和散戶買股票一樣，在飯局上聽人家說什麼好賺，或看到哪裡有新商機，就想跑去做新的，和許多年輕人一樣衝動、有野心，希望自己趕快成為經營之神王永慶。

其實，我到三十八歲那年，創立巨大機械時，都還不了解自己。認識自己實在是一條很漫長的路，說得上真正開始了解自己的年紀，大約是五十歲到六十歲之間，才確實知道自行車行業最適合我。

比大多數人幸運的是，在經營過程中我沒有一敗塗地，還有機會持續學習，做不同生意所累積的歷練，到後來反而成為最珍貴的知識基礎。正因接觸過的行業性質完全不同，歷練過之後，便歸結出一些不同領域都可以運用的共通心得，例如重視消費者的需求，就是其中的要訣之一。因為經營事業總脫離不了創造獲利，自我感覺良好的天馬行空想法，就算再怎麼吸引人，如果沒有消費者願意埋單，一點用處都沒有。

為什麼在三十八歲之前，常常沒多久就換一個行業？現在回想起來，是因為找不到自己的根，對自己到底是怎樣的一個人，真的不明白。

人很難了解自我，有時，人家看你傻傻的，你卻自認為很聰明；人家覺得你挺聰明，但自己卻不這麼以為。

在認識自我的路上，也許常常繞來繞去，走了很多旁人眼中的冤枉路，但現在回頭看，卻是影響我一輩子的重要養分。好比在創立巨大之前，我因為和日本人做過生意，知道日本工業界有所謂的「日本工業標準」（JIS）的國家標準，因此，在跨入自行車行業之初，我就想到要前往日本取經，帶頭制定推動台灣業界零件的國家標準（CNS），找到改善自行車品質的根本方法，這是行業內前所未有的創舉。

生意人vs.企業家

剛開始進入自行車這一行時，因為做的是OEM代工，我仍是抱著生意人的經營心態，整天忙著爭取訂單、押匯出貨，嚴格說來也是被動經營，和先前做的養鰻魚等貿易生意，本質上沒什麼不同，生意好壞隨景氣起伏而定，一心只在乎，如何在最短時間內賺到最多錢。

一直到巨大成立後的第十五年，因為代工大客戶移情別戀，「真心換絕情」失去大半訂單，轉而自創捷安特品牌之後，我們認知到，打品牌若要成功，不可能一朝一夕，也不能再抱著只想獲利的短線思考，更必須為產品品質徹底負責，唯有踏實經營才能感動顧客、得到市場認同，我的經營心態才開始變得成熟些。

與過去做代工不同，因為擁有品牌，並跨出台灣建立世界性通路，主權在我，對市場開始有商品的提案權和定價權，才算真正掌握經營事業的自主權。特別是，做品牌不能學別人，我更因此進一步探索、認識自己，熱切關注未來趨勢，逐步建立起屬於自己的經營觀點。

從一開始兩、三年換一個工作、一心想找好賺的生意做，到後來專注經營自行車行業，最重要的轉變關鍵，是因為不斷挖深探索，在學習過程中認識了自己、理解自己所屬的產品、產業，我的人生才開始真正扎根，過去累積的知識也才得以真正發揮。**可以這麼說，我從「生意人」變成「企業家」，最大改變是認識自己。**

世界上有些天才，像蘋果電腦的賈伯斯（Steve Jobs），或創辦阿里巴巴的馬雲，不到五十歲就攀上事業高峰，但畢竟大多數人都是平凡人，不能期待每個人都變成賈伯斯、馬雲。多數成功的經營者可能和我很類似，都是到了五十多歲，經歷一連串跌跌撞撞，才真正認識自己或開始掌握一切，因為到了這個年紀，人格比較成熟，不再經常衝動決策、情緒化，看待事情才有完整的邏輯。

願意，就有潛力

常看到很多人會擔心，已到了四、五十歲，事業基礎還不穩固；年輕人也常因遲遲存不了第一桶金、買不起第一棟房，而感到焦慮不已，在我看來，這些都不免急功近利、追求快速成果，沒有真正下功夫認識自己，釐清自我。**孔子曾說過，三十而立、四十不惑，但我卻是五十才不惑啊！**

即便過了五十歲，我也還在經歷不斷認識自己的過程，更從中發現新自我。

很多時候，我們因為不夠了解真正的自己，碰到很多事情總以為已經碰到天花板了，因而把自己的可能性，自我設限在一個範圍之內。就像我年輕的時候，也從來都不敢想，有朝一日能成為全世界最大的自行車公司一樣，這是一般人的心態。

但事實證明，**人的潛力可以開發出來，自己的潛力也只有自己願意才能開發**，一旦充分認識自己具備的潛質，遇見不一樣的自己，不僅能帶來莫大信心，甚至會徹底改變周圍的人看待你的態度。對照我七十三歲、八十歲，前後兩次騎自行車環島的差別，便是最好的例子。

七十三歲那次環島，一來，出發前，椎間盤突出的舊疾復發，醫生囑咐我如果要繼續騎車，必須綁著護腰帶；還有因為胃癌開刀過，有著血栓靜脈炎的後遺症，左小腿必須套上彈性襪，靜脈末端血管內的血液才能回流；加上高血壓、高膽固醇、睡眠呼吸中止症等老人病纏身，身體狀況一直在走下坡。

其次，周圍的親朋好友，包括巨大的董事會成員，都擔心年紀大騎車危險，反對我做這樣的嘗試，尤其是從小就最疼我的姊姊杜劉月嬌，更責怪我年紀這麼大還這麼幼稚，算是童心未泯嗎？我心理上壓力滿大的，說實在自己也比較沒有信心。

深怕萬一真騎不完全程，自己的一世英名從此泡湯，環島團出發時不敢讓太多人知道，全團成員包括我在內，只有五個人，都是巨大集團的同仁，沒有其他車友。尤其，此行是定位在沿途享受美食小吃的寶島逍遊，因此，從台北中正紀念堂出發時，沒有通知任何媒體，我們開玩笑說，只差沒有摸黑出門而已。

後來，此行卻被媒體大幅報導，因為當時的《聯合報》記者黃兆璽，他不知道從哪裡知道這個事情，自己開著車，趕到桃園縣政府採訪我，隔天在報紙上大幅刊登，沿路才開始有電視台的ＳＮＧ車，追蹤「老翁騎車環島」的這個新聞。騎到高雄時，更和當時正在競選總統的馬英九先生不期而遇，他正從南往北進行自行車環島，我們這趟行程才被外界廣泛注意到。

我八十歲再次環島時，情況就完全不一樣了。

自從上回環島之後，我便持續騎車，沒有停下來過，騎車帶來的深度有氧運動效果，不但讓我高血壓的毛病好了大半，更神奇的是，血栓靜脈炎、呼吸中止症和坐骨神經等老毛病，竟全部不藥而癒，出發前去醫院做健康檢查，整份報告要找到一個紅字都很難。

隨著對自己的健康有信心、心情變得更樂觀，我也想證明，體力是不是真的越老越好，還是自我感覺良好？於是，相隔七年之後的第二次環島，我便要求籌備活動的捷安特旅行社同仁，把騎乘天數縮短、總里程數拉長，當作自我挑戰的目標。

再者，因為騎車之後，身心狀態明顯變好，周圍的人對我挑戰環島的態度，也出現一百八十度明顯轉變。第一趟環島前，親友同事沒有一個贊成的；但第二趟環島前，卻變成沒有任何人持反對意見，還大力贊成，連做健檢的醫生都鼓勵我，一定要繼續維持騎車的好習慣。

我經常在想，如果當年沒有跨出自創捷安特品牌的這一步；七十三歲時，沒有實現騎自行車環島夢想的勇氣，我可能到今天，都還不知道自己的能耐可以到這裡，有本事經營出如今巨大機械的局面。我的例子或許能說明一件事，那就是認識自己越深，便能活出越豐富的人生。

○標哥台灣諺語談管理

一時風，駛一時船

在大海中航行，有風張帆讓船加速，無風就搖槳前進。引申應看情勢辦事、與時俱進，不能拿昨天的思維解決今天和明天的問題。

2 一味學別人，永遠都學不像。

我出生在台中沙鹿，父親投資當時高雄鳳山相當知名的大裕產業，除生產罐頭、麵粉，從事貿易外，並在彰化等地設麵粉工廠，也算是商業世家。父親早年經常往來香港、上海和日本做生意，家裡常有他從國外帶回來的新奇東西，應該是從這裡，開啟我理解商業活動的興趣。

從小，我就不是聽話的孩子，後來也一直是這個習性，做任何事都喜歡自己摸索，包括早些年打高爾夫球，或後來深入自行車運動都一樣，從沒想過找什麼專屬教練，旁邊的人提出再高明的建議，也只是參考而已。

性格使然吧，我始終相信，**老師教的未必成為你的東西，任何學習唯有靠自己摸索過，才會成為自己的內涵**。以體能來說，我八十歲的人，一天能騎自行車騎多遠，也不是公式或ＳＯＰ（標準作業程序）估算出來的，所謂的ＳＯＰ都只能參考而已。

這樣說好聽是無師自通，但也是很糟糕的缺點，因為有時會錯估自己的能力。

舉例來說，有一段時間，我很熱中打高爾夫球，一週有四天會到球場報到，早上太陽還沒出來，就自己一個人跑去球場等天亮開球，本來以為我比別人年輕，一定打得比較遠，後來真正下場打，才知道體力和技巧是兩碼事。一直打到十八洞接近九十桿的成績，我才變得樂觀起來，告訴自己若維持每個月進步兩三桿的水準，很快就能達到七十二桿的標準桿職業選手水準了。但後來我卻遲遲沒有達到期待，直到朋友解釋，打高爾夫球不是這樣，到了一定程度之後，就越來越難再進步，我才恍然大悟。

但無論好壞，這就是認識自己的過程，因為真正下場去打了，才知道自己的能力在哪裡，能開發到什麼程度，有機會真正了解自己。

「非我不可」的企圖心

我會有這樣的感觸，是因為小時候，許多人的父母或社會普遍觀感，常常期望我們長大要學什麼人，或要像誰一樣成功，在這樣的意識形態下，塑造出的社會價值是人人非得像郭台銘、張忠謀等企業名人，不然就沒有前途，這讓很多年輕人才離開學校就一心想趕快賺大錢，要像這些成功人士一樣，開名車住豪宅。

但很坦白的說，事實上你學誰都學不像，先天的DNA是一個問題，時空背景不同也是問題，一味學別人，永遠不可能超越。

一個經營者或競賽型選手，如果容易被旁人左右，大概很難有傑出表現，成功者絕大部分有自己的判斷力和想法，或這件事「非我不可」的強烈企圖心。

在公司內部，我最怕遇到的主管，就是叫他做什麼，他就做什麼，雖然配合度很高也很認真，但我交辦給他的事，往往做出來的成果，跟我要的不一樣，經常會走樣，甚至只成為 message boy（傳令兵），問題就是出在太聽話、沒有見解，所以在執行過程中極容易受影響。

相反的，若是有自己想法的主管，把事情交辦給他，該怎麼做他會來跟你討論，提出相對的不同意見作為參考，並一起找出共識，還會階段性報告進度，階段性溝通並回饋意見，反饋分享給組織，讓大家更好做事，更可以掌握勝算。

做出來！就有能耐

別人是別人，有他獨特的經歷；自己有自己的潛能，要盡全力開發出來，在還沒開發出來之前，你會以為碰到天花板，但**最重要是把事情做出來，只有做出實績和成果，你才會看清楚自己的能耐在哪裡**。

在獲頒亞洲大學榮譽博士時，我即勉勵即將踏出校門的年輕人「繼續學習當自己」。「當自己」的意思是，把自己開發出來、做出來，讓自己持續產生能量。

唯有扮演自己，才能發現自我潛能。人人都有潛力，但有多少？自己往往都不知道，不管是人生或事業，要不是你把事情做出來，或爬上另一個高峰，是看不見另一個新的舞台和商機，以及進一步的發展空間。一個人從來沒有機會爬上山頂，就沒辦法看到自己擁有的實力。

多年前，我週末清晨騎車從家中出發，沿台灣大道轉進中科園區，要攻上大肚山頂的台中都會公園前，經過兩公里的連續上坡時，往往騎到一半就覺得體力已耗盡，便轉彎回頭下山，從未嘗試騎上去過，這樣維持很長一段時間。直到某一天，我心想不能一直這樣原地踏步，就替自己設定目標，一定要騎到山頂，沿路雖然已經很累很累了，但內心還是相信自己可以踩上去，便心無旁騖繼續踩，真的就這樣騎上去了耶！

從此之後，我就認定我騎車的實力原來是在這裡，也更加堅信，**潛能只有自己看得到，沒有做出來，就連自己也不會知道**。

還有一次，二〇〇九年，我前往荷蘭騎車，照著設定好的GPS（衛星導航）路線走，但有一天GPS當機了，領騎的人也不知道路，只好沿途找，還把大夥帶到一大段崎嶇石板路，最後抵達終點時，因為迷路時沒注意里程數，我一看「一百二十公里」！還以為馬表壞了，平常我一天最多騎八十公里，再多也不會超過一百公里，不可能一百二十公里啊！最後再三比對車友的里程馬表，才確定當天破了自己平常的紀錄。

有了這兩次經驗，我更體悟到，**人有時糊塗一點，反而可以突破上限**。相反的，如果我們認為自己體能只到這裡，差不多也就只是這樣而已。

無牛駛馬

耕種犁田，若一時找不到水牛來拉，就應變通改找馬下田，也未嘗不可。引申為企業組織在派任主管或發展新事業時，不能因內部沒有適合或具備相關專業的人，就讓業務停頓下來，應該透過訓練，開發每個人的新能力。

3 興趣是一回事，事業又是另一回事。

很多人看我熱中騎自行車，興致勃勃環島不夠，還一路騎到中國、日本，甚至遠征荷蘭，以為我一定對自行車有極高的興趣，才會投入這個產業。

事實上，若這樣認為，可就誤會大了。

我之所以跨入自行車業，一開始根本和興趣毫無關聯，只是剛好三十八歲那年，和兄長投資的鰻魚養殖事業失敗，在一次偶然機會，與幾個朋友在中部聚餐，彼此交換商機看法，席間有人提到美國自行車市場不錯，建議不妨一試，眾人便集資成立「巨大機械公司」。

甚至取名「巨大」，也不是最優先考慮的公司名稱。當時國內吹起少棒熱，台南巨人隊在美國威廉波特拿到世界冠軍，股東們原本想借用巨人隊的響亮名號，以「巨人工業」為公司名登記，但已有人捷足先登，才改為巨大；第一任董事長也不是我，是一位經營瓦斯生意的友人，我只是擔任總經理。

因為做自行車是朋友邀約投資的生意，和我的興趣沒有特別關聯，剛開始只是當作副業，抱著早上十點多去蓋個章，中午還可以回家休息的天真想法，以為從此可以告別之前守在鰻魚養殖場，沒日沒夜、更沒有家庭生活的作息。

沒想到，這一做下去後，才知道每天都有新狀況，沒有原來想像中的簡單，不是不同廠家的零件規格互異，就是買來的輪圈和輪胎、螺絲和螺帽搭不起來，每批出廠的自行車品質「離離落落」，客戶從國外傳真來的抱怨一長串，要改善的問題一大籮筐，經營型態和過去曾接觸過的生意，截然不同。

既然困難重重，我當然會問自己，到底要不要繼續投入下去？這一行值不值得下深功夫呢？

一方面是面子問題，為了自尊不願輕言認輸；另一方面，那時我也才開始反省，如果不把這個事業好好做下去，闖出點名堂來，每隔幾年就換一個生意做，那麼，年紀大了以後要做什麼？這輩子能累積出什麼成績嗎？

在評估的過程中，我才理解到，雖然當時台灣經濟起飛，機車作為交通工具，大量取代了自行車的需求，只剩下經濟弱勢族群和學生通勤的內需市場，但自行車不只尚有龐大的外銷需求，更是世上少數的萬年工業，確實值得下功夫深入經營，加上不能辜負繼續借錢支持我的姊姊，我當時便下足決心，決定深入經營這個行業。沒想到，這一投入就是四十幾年，可以說，我是誤打誤撞進入自行車行業，也是到了這一行，才開始變得有毅力。

興趣與事業的市場性

我經常接觸年輕族群後，發現很多年輕人在選擇工作時，喜歡挑感興趣的事情做，但我也要提醒，興趣是一回事，事業又是另一回事。小時候有興趣的事情，不見得會成為後來一生的職業。我認為，在生涯過程中，有做出什麼了不起的事情，或受到大家肯定，有成就感，就會產生興趣。

進一步說，興趣和事業是不同層級，兩者不宜混為一談。事業和股東、客戶存在利害關係，讓你可以有飯吃、過好的生活，是很嚴肅的事。興趣則是不管有沒有飯吃，都要可以維持，只要老了高興就好的事。

一個人的興趣和事業能兼顧當然最好。但你必須認真評估，究竟你的興趣有沒有市場性，若只是自己喜歡、自我感覺良好，經常無法成為工作或事業。

因為一旦市場需求不存在，你再怎麼努力，不但得不到成果，更會產生挫敗感，打擊自我信心，也無法帶來進一步投入的樂趣，最後成為負向循環，人生就原地踏步，無法繼續前進了。

年輕的我沒定性，問題雖不在只挑感興趣的事做，但卻和一般小生意人一樣，凡事「向錢看」，自認出身商業家庭，有一點經營天分，懂得判斷時機做生意。現在回想起來，當時心態和自我感覺良好的股市菜籃族沒兩樣，妄想今天買的股票明天馬上漲停板。

成立巨大之後，我雖然慢慢找到一方地，扎下自己的根，但前十年靠接代工單，還是抱著「做生意」的心態，真正用「經營事業」的高度和格局，看待自行車產業，是到六十歲之後，從自創品牌過程體會到永續經營的重要，才真正體會到，以賺錢為事業目的，是最膚淺的人生目標。

只顧數鈔票，事業做不大

經營企業不賺錢當然罪過，但無論如何，賺錢的目的終究離不開要對社會有意義；或做出超越消費者期待的品質或服務水準，讓花錢買你產品的人感到滿意、認同，甚至驚喜，對生活有益。類似這樣的努力方向，才是事業成功的基本條件。

如果把賺錢列為第一優先，只顧撿眼前的鈔票，我相信，不但事業規模做不大，也絕對做不出超越消費者期待，讓使用者有感的水準以上產品。

這些經營心得都是我六十歲以後，才完全釐清的觀念，年輕時想不到這麼多，一心只想多賺點錢，這樣說，並不表示人年輕就等於無知，而是那時人生的格局、著眼點和高度，都還存著許多盲點。換成今天的我，著眼點就相當遠，看的範圍也比較廣；更多時候，則希望盡量拉高格局。

二〇一四年五月，公司舉辦我八十歲的二度自行車環台活動，行前籌備會議上，我一再叮嚀同仁，活動宗旨是把騎自行車的好處，充分向社會大眾介紹，過程不能有任何商業化行為，絕對不是要推銷自家產品。

事業經營和人生過程一樣，必然會經歷許多劇烈起伏，才能獲得可觀的成就。常看到很多人因一時生意失敗，就懷憂喪志，甚至從此一蹶不振，但我卻很少有如此負面的想法。雖然年輕時犯了「向錢看」的錯誤，但可能從小在大家庭裡頭長大，總認為只要肯做事，一定會有飯吃；也曾眼見父親做生意大起大落，但意志沒被擊倒過。環境薰陶了我，不會把人生全部的得失都押在金錢上，這也是我的幸運。

相較於金錢，我更在意信譽，和對員工、股東及社會的責任，特別是顧客的滿意度。包括幾年前儘管虧損連連，我不顧公司內部所有董事的反對，仍堅持接手台北市「YouBike 微笑單車」ＢＯＴ案（興建—營運—移轉），也是基於這樣的信念。

正因為沒把金錢擺第一，我一路上經營事業，就算幾度差點破產，面臨意志消沉的考驗，卻從來不曾擔心過，自己一輩子會從此無法翻身。我思考的始終是，如何脫離困境再出發。

快熱、快冷，快臭酸；無燒、無冷，卡久長

原指食物在忽冷忽熱的條件下，容易變質腐壞。引中股市或房地產若一時景氣大好，後面一定會有泡沫化危機，暴衝式成長亦不利企業永續經營，穩健經營才是上策。

4 能力再高，都要靠團隊才能成事。

求學階段，我不是好學生，念書很兩光（台語「很遜」之意），不受教又愛搞叛逆，我騎自行車，或以前打高爾夫球，人家很熱心要教我，我都不給教，做什麼事都不願意被綁手綁腳，我承認這是很糟糕的個性。

也是因為這樣，所以不喜歡當員工，很早就出來自己創業。比起在學校學到的，社會大學教我的東西更多，就像旺旺集團董事長蔡衍明曾說過的，「街頭混一年勝讀十年書」，這句話說起來很傷學術界，但確實在學校學不到許多街頭智慧。

大陸剛改革開放初期，我曾應邀去香港中文大學參加座談，主題是談企業家精神，香港教授提出的問題是，為什麼學校無法培養出企業家？我的看法是，真要靠學校老師和教授教，很難成為企業家，反而是街頭智慧常能調教出敢衝、願意冒險，具創業精神而不自我設限的實踐家。

尤其，在街頭混過的人，往往對人性有一定程度的了解，好比黑幫老大，有那麼多小弟願意追隨，一定有他一套對人性的理解和掌控。

也是一個騎車過程發生的真實例子。

八十歲我第二度騎車環島時，第三天車隊經過彰化，美利達（Merida）主管出來省道旁幫我加油，他們的熱情我很感謝，因為美利達是同業競爭對手，所以我特別把車停下來，和他們短暫互動，展現誠意，當然沿途也有許多人替我加油，我則只是揮手呼嘯而過，這就是一種從街頭智慧學來的眉角（小動作），學校不會教你！

當然，任何事情都有正反兩面，過與不及都不好，如果自認聰明，甚至聰明外露，那就只是小聰明，不是真正的聰明，反而是很大的缺點，在商場上，人家看了就想要防範你。

所以，如果你自認聰明才智很高，繼續保持謙虛的態度，一定錯不了。自以為聰明，往往就聽不到別人話裡有話。一般人通常聽到表面的話，就以為自己全都懂了，但謙虛的人願意不恥下問，就不了解之處繼續請教對方，實力也就不斷跟著提升上來。因為謙虛，會讓人感受到你的誠懇，誠懇付出雖未必馬上得到回報，但人都是有感受的，只要用真誠的心跟人家互動，最終一定會得到肯定。

團隊精神比競爭關係更重要

同樣的，認識自我、當自己固然很好，我也說過最怕遇到聽話的主管，雖自以為有滿腦子創意的員工，我會欣賞，但不會全盤肯定他，因為，**任何一件事都是靠團隊完成的，任何人能力再高，都要靠團隊才能成事**。

每個人都要有自己的能力和看法，但不管是國家或企業組織，都要建立共識才能運作，在公司裡，若大家成天比的是你厲害還是我有想法，組織根本動不了。不要說一個企業內共事的你我，要強調團隊精神，就連同行之間，有時團隊精神比競爭關係更為重要，甚至攸關到大家的存亡，國內產業界均熟知的 A-Team，便是最好的例子。

A-Team是以巨大和美利達，國內兩大自行車組裝廠為首，結合上下游廠商，於二〇〇三年正式成立的學習聯盟，並在日本豐田汽車在台的國瑞汽車，與中衛中心共同協助下，共同導入豐田式生產管理體系TPS（Toyota Production System）。

當年之所以要成立 A-Team，背景是台灣自行車業者紛紛西進對岸，產業空洞化的問題非常嚴重，出口量從高峰的一年一千萬台，跌落到連四百萬輛都不到，基於捍衛台灣的出發點，巨大便和想法比較接近的美利達商議，共組這個產業聯盟。

我記得，當時業界聽到我們要做這件事，很多人多有嘲笑，因為在先進國家，同業和同業合作，哪有成功案例？但我跟美利達創辦人曾鼎煌董事長說，這是非常時刻，競爭先擺一邊，我們兩家要站出來相挺，就像日本話說的：「像成人般的交往，不能再使孩子氣了」，得一起共同想辦法做轉型、高級化，台灣自行車產業絕對不能流失消散。

當然，即使在這個過程，同一條街上的捷安特、美利達車店老闆，還是維持競爭關係不變，兩家公司的業務還是同場拚輸贏，A-Team面對的，則是如何攜手切入高檔自行車這個新戰場。

經過六年互相切磋，不但台灣自行車的出口銷量，在二〇〇九年，回升到四百三十多萬輛，更重要的是，整體產業的FOB（Free on Board，外銷平均單價），更從平均每輛約一百一十美元，六年之內翻了兩倍，來到快三百美元，迄今仍持續上揚，更續創至目前約四百五十美元的新高水準。每年三月登場的「台北國際自行車展」，展場面積也越辦越大，已是亞洲最具規模的自行車展，全球僅次於德國的歐洲自行車展（Eurobike Show）；各大自行車零件廠，紛紛來台駐點，以確保在業界的領先優勢。

可以說，因為輪業界的和諧與團結，使得過去掌握在日本人手上的自行車產業，如今不但轉到台灣業者手上，更牢牢扎根在這片土地上。

當然，跟團隊一起前進，有時必須勉強自己，就像和大夥一起騎車環島時，你突然很想上廁所，但想到大隊人馬跟在後面，就只好忍住一樣，等到休息時間，才能直奔洗手間解放。

實踐，才有體會

一樣是面對經營危機，若是去翻商學院的教科書，恐怕不會教你，該如何找同行合作，然而，這便是一種合縱連橫的街頭智慧。我這樣講，絕非有意批判學術界，也不是對學校教授無禮，而是要強調，學校教的是可以應用的知識，但在社會上做事，光靠知識是不夠的，得倚賴扎實的實踐經驗，才可能沉澱出智慧。

當年離開學校時，我沒有拿到學歷，但從來沒有後悔過，比起剛出社會時，每兩、三年就換不同行業歷練到的現場經驗，也許我當時在學校認真念書拿文憑，反而看不到今天的成就。

社會是一所不給文憑的超級大學，在這所大學內歷練的一切，和所累積的見識，最後都會建構為個人的資料庫。我經常在公司內部講，「未來決定現在！」唯有充足的資料庫，對於未來趨勢的判斷，自然就能做到八九不離十的把握。

還是要再強調，千萬不要誤會，我不是鼓勵學生都不要念書，去街頭混幾年就可以變成企業家，我想分享的是，**不管在學校或進入社會，任何時候都要保持不斷學習的心態，這才是真正的關鍵。**

歹鐘累鼓，歹尪累某

演奏音樂時，要是有人打不好鐘，聽眾不會只批評他，而是連累整個樂團；夫妻也是，若一方不好也會拖累整家人。引申團隊內只要有一人做不好，害群之馬一定會減損大家的努力成果。

5 成就感，是人生追求的最高樂趣。

曾有年輕學生問我，難道我要和創辦台塑企業的王永慶一樣，到了九十幾歲，還在拚命工作嗎？他提出質疑，一個人打拚一輩子，如果不能好好享受奮鬥的成果，豈不是悲哀的事？

我跟這位年輕人說，很多人替王永慶感到可憐，但也許他們都錯了。我覺得王永慶很偉大，他對台灣經濟貢獻這麼大，沒有他，台灣的石化工業基礎哪裡來？活得有成就感，是王永慶的人生價值，這個價值不在於享受，我們不能用辛苦一輩子沒好好享受到，去論斷他的人生。

我發現，退休的人老得特別快，很可能王永慶是因為認真工作，才有辦法活到九十幾歲。上帝給我們健全的身體，就是要充分利用，腦筋沒有用或停頓，反應就遲鈍；越去學習，就越有好奇心，越想充實知識，享受挑戰新事物的成就感。

我總覺得，人活著的最高樂趣是成就感，而不是賺很多錢。當然，企業動用這麼多社會資源，沒有賺錢是罪過，但若只談錢，實在太膚淺，凡是把利益擺第一的，事業經營通常也不持久，就算今天賺到錢，明天、後天也不是別人的對手。**真正做大事的人，不會把利益擺第一位，他一定是為成就感而工作，不是為賺錢而工作。**

回顧人生一路走來的這段旅程，我覺得最幸福的事，就是選對了自行車這一行。說句玩笑話，如果當時選做漢堡，可能越吃肚子越大，就沒有今天這樣的健康身體。

在台灣，自行車本來是要被淘汰的行業，早年開自行車店，是娶不到媳婦的冷門行業。剛創立巨大時，我去美國找機會開拓市場，有一場宴會，我伸手跟一個日本人握手，他卻不願跟我握手，因為那時台灣做的產品品質極差，**產品是怎樣，人格就是那樣**，被同等看待。

事業像騎車，不踩就倒掉

我自詡要當自行車傳教士，說實話，真的是非常寂寞；以前辦個騎車活動，要找一、兩百人來都很困難，但現在動輒幾千人報名參加。不只自己辦活動，我們也和政府共同舉辦「國際無車日」、「自行車節」、「轉動台灣向前行」等騎車活動，一直這樣努力了四十年，才逐漸和運動時尚結合，改變人們對自行車的刻板印象。

如今，騎自行車的，很多都是企業高階主管、各行各業的老闆或意見領袖，甚至成為社會地位的象徵，不再等同窮人專屬的交通工具，可說滿街都是自行車的傳教士，對我個人來說，實在是莫大的成就感！

我的體會是，經營事業就像騎自行車一樣，踩一步就進一步，你不踩它就倒掉，所以要不斷追求進步。任何事業成長都沒有上限，沒騎上峰頂的人，不會知道上面又有另一片商機。

人生過程也是如此，我常對年輕人說，就像騎自行車，**向前跨出去一步，才能看到前面的風景；生涯的過程也是一樣，一定要先跨出去不要怕，做了以後自然就會看到下一個機會**。尤其，人總是越挑戰越有信心，沒有接受過挑戰的人，不可能產生堅強的信心。

舉我第一次環島，旅程中最困難的一段路為例，也是一次印象極為深刻的撞牆經驗。

那是第八天，要出發騎往南迴公路最高點：壽卡。記得那天早上，可能前一天受了點風寒，一早起床就發現身體不適，出現鼻塞、頭痛的感冒症狀，但卻要騎上二十一公里，經過連續陡坡，爬上海拔四百六十三公尺的高度。我擔心身體無法負荷，卻又不想放棄創造環島紀錄的難得機會，於是便請隨行同仁準備一輛電動自行車，必要時中途進行替換。

我自認體力還不錯，環島一路上，為了儲備隔天的體力，也總是早早上床休息，甚至為此取消很多當地友人熱心安排的行程。但這一天，騎到距離壽卡只剩下五公里時，卻感到四肢無力，幾乎沒辦法再踩下去，而如果不繼續踩，車子便會倒下去，那時心裡不斷傳來一個聲音，「是不是該換電動自行車了？」

另一方面卻又想，已經花那麼多心血準備這趟環島，為的就是留下完美紀錄，而不是其中有一段，因為騎不是完全靠自己腳踩的電動自行車，留下有瑕疵的「破功」紀錄。

既然計畫決定要做的事，就不會再改變，是我一向做任何事情的態度。

坦白說，由於很早就知道壽卡是環島單車族口中的「天堂路」，前一天出發時，一路上心情就開始忐忑不安，充滿著無形壓力，對於能不能通過壽卡這關考驗，也沒有把握和真正的信心，但到了最後，還是被自己好強的個性所說服。

因此，幾經休息之後，我決定繼續上路，在騎到接近山頂的最後幾百公尺前，幾乎已經騎不動了，完全憑藉一股不知從哪裡來的意志力。抵達終點那一剎那，我興奮得舉起雙手大喊：我爬上來了！我做到了！

克服這段最艱難的路程，實在是太令人興奮了，因此，休息的時候，我迫不及待打電話回公司給羅祥安執行長，還有我太太、姊姊等家人，一一向他們「炫耀」這得來不易的戰果。隨行的巨大同仁都說，和我工作那麼多年，從來沒看我這麼高興過。

通過壽卡，一路下坡奔向蔚藍的太平洋，視野開闊了起來，從那一刻開始，心頭上的壓力才如釋重負，對於尚未完成的路程，更是充滿信心，感覺勝券已緊握在自己手中。

七年之後，第二度環島，再次攻壽卡，雖已八十歲，但我不管是信心或是意志力，卻都比上回好許多，一口氣就直奔山頂，雖然也是累到筋疲力竭，但至少不需要途中休息五次，並且要非常痛苦地才能騎到終點。

而在抵達終點那一刻，我同樣開心地舉起雙臂，高喊著：我成功了！我成功了！和上回不同的是，第一次攻上壽卡，因為是創造了個人的紀錄，而感到興奮不已。第二次一口氣攻頂，覺得值得興奮的理由則是，我終於證明了，隨年紀越來越大，自己體力確實越來越好，**越騎越健康不是神話**，這並非自我感覺良好，而是靠不斷練習帶來的進步。

不靠運氣的成就感

為什麼這麼興奮，甚至比公司接到大生意還高興？我內心很清楚。

騎自行車的成就感和經營事業很不一樣。事業有高有低，成功要靠同仁、協力廠、顧客甚至政府等各方面的協助，是大家一起努力來的，這其中，到底我的貢獻占多少，這筆帳很難算清楚；就算賺再多錢，也可能有虧損的一天，如果我的人生只是讓人記得，經營事業有多成功、賺了多少錢，實在沒有太大意義。

但在環島一路上，你會看到馬表的里程數不斷累積，今天比前一天又多騎了多少公里；或爬坡的時候往下俯瞰，發現已經攻上半山腰了，這都是靠自己雙腳，一步步踩出來的，不是靠引擎和油門，不須別人認同就能產生自我成就感，人一旦有了成就感，就會產生意志力，建立起正向的循環。

也就是說，騎車是百分之百靠自己兩條腿和體力，一步步踩出來，不只帶來自我肯定和成就感，也讓人學會堅持，**完全是意志和體力的實現，沒有一點運氣的成分在裡面，是自己可以主導並創造的人生紀錄**，別人永遠都拿不走！

○標哥台灣諺語談管理

未落南，先吃落南米

因氣候關係，南方的稻米先收成，因此，若還未走到南方，就先吃掉南方的存糧，即是「寅吃卯糧」。引申企業發展應按部就班，有多少資源做多少事，不能好大喜功，拿尚未賺進口袋的利潤當開支，或做超出自己能力範圍的投資。

6 功夫下夠深，可以看到未來命運。

二〇〇七年，我七十三歲，花了十五天時間，完成九百二十七公里的人生首次自行車環島。我從此幾乎天天騎車，越騎越健康，不能停下來，我更告訴自己，歲月不饒人，**要趁現在還有辦法時繼續騎，希望能不斷將不能騎車的那一天往後挪，直到騎不動為止**。

和每個人一樣，跨上自行車，總令人回味起許多年輕時的過往。

說起來，我接觸自行車的時間，比同年紀的人要早許多。那還是光復前日本人統治的時代，社會上物資貧乏，擁有一輛自行車比現在擁有一部賓士轎車還難，整個沙鹿鎮不會超過二十輛，由於家境算是小康，從我懂事開始，家裡就有自行車，是日本進口的「富士霸王車」。

父親很珍惜這輛車，我身為么兒，他特別疼我，小學一、二年級就常讓我騎車，那時個子小，就把一隻腳從車架中間穿過去，歪著身體騎，跌倒是常發生的。直到我在台中念初中，父親才幫我準備專屬自行車，在當時，一輛自行車價約是一般人兩個月的收入，那時騎自行車，可說是身分地位的表徵。

離開學校之後，我再開始騎自行車，是剛創辦巨大的頭幾年，那時還住在沙鹿，騎自行車上班通勤，從家中騎到大甲巨大廠區，大約是二十出頭公里，有時則試騎電動自行車。我騎車通勤的動機很簡單，自己是開發自行車產品的人，一定要多騎，才能了解產品優缺點所在。

現在回想起來，當時還真是土法煉鋼，殊不知產品測試，應有一套精密的程序和數據，光憑感覺來判定自己組裝的車好不好，其實滿好笑的。

後來，隨著事業不斷成長，經常忙著到海外市場拓展品牌，產品設計部門也有專人負責，我就越來越少有機會騎車了，但心中仍不忘騎自行車的美好，經常想著哪一天可以放下手邊工作，騎著自行車環台到處逍遙，走到哪兒就玩到哪兒，有美食就下車享受一番。

可能是腦袋和腳之間的距離，實在太長了，我的騎車計畫多年沒實踐過。直到二〇〇六年十二月，捷安特贊助的電影《練習曲》到大甲富都戲院試映，其中有句對白：「有些事現在不做，一輩子都不會做了。」彷彿是針對台下的我說的，一腳把我踢醒，讓我認真思考，年紀已過七十好幾，如果現在不去實現自行車環島的這個夢想，以後大概也不會去了。

一件事不管大小，既然決定要去做了，就要執行出最理想的成果。

雖只是騎自行車環島的個人夢想，但我用經營事業的方式看待，相信**「打仗打在開火前」**。於是，看完電影的兩個月後，便開始著手自我密集訓練，一樣是利用通勤路上做練習，但和以前不同的是，住的地方已搬到台中，從台中到大甲，單趟就要四十二公里，還要翻過一座坡度不算小的大肚山，每星期至少兩次，一趟來回就是八十四公里，除找加油站上廁所之外，中途沒有停留休息。

更沒想到的是，順利完成環島之後，我竟騎車騎上癮了，兩、三天沒騎，就覺得渾身不對勁，好像生鏽一樣，每次出國回來第一件事就是騎車，沒有騎上個三、四十公里，就覺得不過癮。也因為騎出心得和趣味，兩年後，我進一步挑戰，以二十天的時間，完成北京到上海、總里程數一千六百六十八公里的「京騎滬動」壯遊，一方面也希望將自行車的騎乘風氣推廣到對岸去。

任何時候開始騎車，都不晚

這只是開始。二〇一〇年起，我又陸續赴荷蘭、中國崇明島，以及日本廣島縣愛媛縣等地，一方面騎自行車徜徉在當地的美景，另一方面則和當地政府進行自行車新文化交流。

曾有媒體朋友問我，既然騎自行車充滿樂趣，甚至容易讓人上癮，會不會後悔太晚才又開始騎車？我的回答是：一點都不會，**騎車的事，任**

何時候開始都不算晚！若說年紀太大就不適合騎自行車，我也完全不能認同。

說句實話，如果我太早開始騎，那時的自行車輕量化技術，和能表現出來的性能，都沒有現在好，騎乘時速度出不來，一遇到逆風，可能就氣喘吁吁踩不動，也沒有那麼顯著的樂趣。

經過大家的努力，台灣自行車整體產業已轉型升級，而曾占有國際眼光的日本自行車業，卻落入振興乏力的弱勢產業，只滿足消費者以通勤為主的騎乘需求。如今高級自行車更走進時尚生活，騎起來不只有高度樂趣，對健康也帶來極大幫助，這是很微妙的見證。

真心反省，不斷學習

經營事業四十多年，我們生產自行車，騎自行車，投入多少心力去研究，去實踐，去推廣，一直把功夫堆積起來。我看過很多經營者，事業不順遂時，怨天怪地，或求神問卜求改運；不然就是期盼貴人出現，生意馬上可以變好。

或許真有所謂的「貴人」，在特定時點對一個人的改變帶來促進效果，但我認為，最主要的問題還是在自己。

因為，如果平常就不具備學習心態，人家的建議也聽不進去，這就好比學生沒有準備好，或根本沒有學習意願，找再好的老師都沒用一樣。當你徘徊在事業抉擇的十字路口時，就算真有「貴人」適時提出完美建議，你也未必會採納。

勇於接受挑戰、樂於學習的人，經常會參考別人的寶貴建議，並從不斷自我嘗試的過程，得到成功、累積自信，發現新的樂趣，啟動一連串正向循環。

我從來不算命，也不相信風水之說，辦公室的方位怎樣最好，不必請風水大師指點，只要坐下來舒服的方位，就是神位。我不反對信仰，但對於迷信之說，我是不會投下贊成票的。

或許有人認為我這樣過度理性，但我始終相信，沒有所謂命好不好的問題，能否成就一番事業，關鍵在於你是否能客觀評估所處的環境。

「窮算命、富燒香」，就是形容不如意的人，老是怪東怪西，不願意深入反省，甚至天真的以為改名就能改運。這樣的人不但不承認自己有錯，也不願意學習，不學習便不會真心反省，看不出自己的缺點和問題，當然看不到真正的事業機會。

我年輕時衝勁十足、毅力不夠，後來能專注在自行車產業，就是因為願意開始面對自我缺點，深切反省出來的。剛創巨大時，也不敢妄想成為全球最大自行車的公司，如今能一步步騎上峰頂，最重要的體會是：成功，靠不斷學習。

我沒讀過大學，一聽到有大學要頒榮譽管理學博士給我，內心感到相當惶恐，特別是向來在演講場合會怯場的我，想到當天還要站在台上向畢業生致詞，更是緊張萬分。

嚴格說，在那樣隆重且正式的場合，應該要多談一些自己的豐功偉業，但我最後決定分享自己年輕時的缺點。第一次在公開場合如此坦承反省自己，就是想要告訴所有年輕朋友，絕對沒有命好不好的問題。

「命運掌握在自己手裡」，從我的人生經驗來看，這句話真是千真萬確。只要你下的功夫夠深，就可以看到未來的命運，雖未必很具體，但絕對聞得出來，並預測自己人生未來的軌跡和方向。

◎標哥台灣諺語談管理

不會駛船嫌溪狹

人們經常容易將自己的過錯，歸咎於環境不利因素，老是怪東怪西，卻不知自我檢討。引申企業經營應尊重市場機制，自我調整經營方向。

GIANT

Part 2
沒有「唯一」，哪來「第一」？

走你的路，讓人們去說吧！
Go your own way let others talk.
～詩人但丁(Dante Alighieri)《神曲》(*Divina Commedia*)

前言

贏是異常，輸是常態。

「順帆路十九號」，是巨大集團位在大甲總部的門牌，往外望去，片片稻浪令人賞心悅目，但劉金標的事業與人生路上，卻曾遭遇不計其數的驚險逆風。

三十五歲那年，劉金標和兄長投資的鰻魚事業，一夜之間被颱風捲走兩千萬元，幾乎要破產；創立巨大，跑了三年的三點半，才剛轉虧為盈，占產能四分之三的代工客戶竟一夕變心；六十三歲罹患胃癌，開刀切除大半個胃；接踵而至的，是台灣自行車產業出走潮，供應鏈一度瀕臨潰散。

七十三歲，呼吸中止症、靜脈血栓炎、椎間盤突出等疾病纏身，擔心自己老年癡呆，還去醫院做智力測驗……。

因為逆風是家常便飯，讓劉金標體會到，「贏是異常、輸是常態」的經營哲學觀。

看待「贏是異常」，所以劉金標最常對同仁講的一句話是：「成功，高興十分鐘就好。」

不只如此，他更是全公司上下，危機感最強烈的一個人。

創立巨大第十年，儘管當時代工訂單滿手，還是獲經濟部表揚的外銷績優廠商，但劉金標卻憂心命運從此操之在別人手上，於是轉守為攻，自創捷安特品牌，搶進內銷市場，更下定決心跨出台灣，赴荷蘭設立銷售公司，建立屬於自己的全球事業根基。

甚至，直到今天，除創業前四年外，巨大過去三十八年來連續獲利，劉金標依舊認為，危機無所不在，就算表面上看起來風平浪靜，但或許早已埋下問題，只是還沒浮現出來而已。二〇一三年起，他持續推動內部第六度「創改」，就是要找回創業時的活力，提早因應趨勢變化，而不是等敗相顯露，才被迫進行「改革」。

認知「輸是常態」，因此劉金標主張實業精神，只投入靠實力經營與持續創新，才能創造穩定成長利潤的事業。

自行車，便是這樣一個只要人類存在，市場永遠有需求，不會被淘汰的「萬年工業」，有本事做出令消費者心動的產品，以及感動的服務，就有機會繼續活下來。

實業家的踏實精神，也貫徹在巨大成立四十多年來，只專注自行車本業，從不做業外投資，一概拒絕靠運氣、隨景氣起伏的任何金融商品操作。

別人眼中看來，押注在單一產業上，等於如同把「雞蛋放在同一籃子裡」，不利分散風險。但他卻認為，正是因為如此，所以經營企業才會戰戰兢兢，充滿危機感，就算一時賺到錢，也不能放鬆，隨時準備變革創新；即便已贏過對手，再把距離拉得更開，也沒有不好。因為，別人可能也在進步，當比別人進步慢時，就算是退步。

劉金標同時提醒，不管是個人或企業，追求「唯一」比搶「第一」重要。因為標榜「第一」，往往帶來得意忘形的副作用，讓人看不見潛藏的問題，失去察覺危機的能力。

7 沒有業界唯一，哪來世界第一。

曾有日本媒體記者問我，巨大創立到現在才四十來年，卻已成為全世界最大的自行車集團，很多日本公司要成為該產業的世界第一，都要經過兩代、三代人經營，我們是怎麼辦到的？

說實在，如果不是對方這樣問，我也沒有認真思考過這個問題。不過，歸結巨大、捷安特這四十多年來的發展經驗，我的答案是：因為先成功創造了很多「唯一」（Only One）的優勢，所以才有成為「第一」（NO. 1）的結果。

對於**追求「唯一」，我的詮釋是：不以市占率第一、利潤極大化為優先考量，但務求做出全球獨特，且符合市場未來需求的創新。**

十大「唯一」

雖然只是幾句話，但要落實成為經營策略，卻要付出相當代價。回頭看，至少可以舉出十個例了，說明從創業到今天，這一路走來，巨大不學別人模式，堅持選擇自己的路走，做出的業界「唯一」。

一、創業初期，推動零件規格統一。巨大草創階段，那時國內零件廠商生產的產品，缺乏共同規格，這家生產的輪圈和那家買來的輪胎，甚至螺絲和螺帽，都搭不起來。當時我在業界雖人微言輕，但卻帶著同仁像苦行僧般，一家家拜訪協力廠，勸大家依據「日本工業標準」為生產基礎，經過四年的努力，才建立業界共識，和世界共通規格接軌。

二、擺脫代工，自創品牌全球化經營。剛創業之初，我們靠爭取歐美自行車代工訂單，雖然好賺，但命運操之於人，沒有品牌，員工沒有歸屬感，不能掌握對市場的產品提案權。為求永續生存，我們決定在一九八一年自創捷安特品牌，從內銷市場做起。五年後，成為第一個跨出台灣到荷蘭，設全球分公司與行銷通路的國內自行車品牌。

三、開發碳纖維自行車架。如今全球自行車產業，大量運用在高級車種的碳纖維材質，是當年巨大和工研院共同研發出來的領先技術，在廠內把像髮絲一樣的碳纖原料，製成輕量化的自行車架。之所以從車架著手，是因為車架是自行車主要重量來源，藉由最新科技減輕這部分重量，自行車騎起來更快，也才更有樂趣。

四、縝密評估，進軍中國。一九九二年，巨大決定赴中國大陸投資，雖業界早已有廠家登陸，我們不是最早去的，但卻是唯一做了最嚴謹風險控管的，尤其在政策風險上，到底當時對岸最高領導人鄧小平推動的「改革開放」政策，會不會走回頭路？是做了全面性評估之後，才邁出腳步的。且有別於多數自行車同業基於外銷單一考量，群聚深圳設廠，巨大則是看好內需潛力，選擇前往長江三角洲，成為第一家進駐昆山技術開發區的自行車業者，同時日本變速器大廠島野也前往設廠，並和我們同一天動土。

五、建構台灣自行車島。一九八〇年代，宏碁集團創辦人施振榮先生，喊出打造台灣成為「科技島」，我則提出「自行車島」（Cycling Island）的主張，不只強化外銷的產業競爭力，也大力推廣國人騎乘自行車風氣。下一階段，則是要提升台灣騎乘環境，成為全球自行車同好皆嚮往的自行車樂園。

六、成立 A-Team，根留台灣。和所有傳統產業一樣，因為零件廠幾乎都外移對岸，自行車產業一度空洞化很嚴重。為捍衛台灣生機，二〇〇二年底，巨大扛起產業龍頭的責任，邀請競爭對手美利達，以及十一家零組件廠，共同成立 A-Team，引進 TPS 共同學習，帶動產業轉型，最終讓自行車出口單價倍增再倍增，成為引領全球高級自行車趨勢的先端市場，以及產業信息匯總的「發訊地」。

七、推動自行車新文化。過去，自行車給人的印象是笨重的交通代步工具，為了推廣自行車新文化，我們成立基金會、旅行社，與政府攜手推動自行車日、自行車節，將自行車與運動、時尚生活連結。

八、全球首創女性自行車品牌。女性占全世界二分之一的人口，為了讓更多女性願意騎車，讓總市場的需求倍增，我們首創全球唯一的女性自行車品牌 Liv，替女性車友打造專屬車款，以及開發時尚車衣配件，更在全台北中南與日本、上海等地，開設 Liv 品牌旗艦店。

九、建立智慧型 e 化產銷系統。透過自力發展的 sBTS（smart Build To Stock e system），連結工廠產能與全球專賣店的ＰＯＳ機（銷售時點系統），成為協調產銷的中樞神經系統，不但可降低庫存成本，維持應變彈性，更以時間換取空間，避免門市存貨影響每季新車上市時程，可說是把工廠建在市場中心，發揮極大化的經營效率。

十、投入 YouBike 營運計畫。全世界有七百多個城市有公共自行車，但因為獲利困難，竟然沒有任何一家自行車廠願意投入，捷安特是唯一投入營運的自行車廠，因為我們認為提供超越消費者期待的好車，透過友善服務，是展現「Only One」經營思考的好機會。

當自己，才有機會獨特

林林總總這些「Only One」經營模式，除導入TPS，是複製別人的成功經驗外，其他都是一邊摸索、一邊從錯誤中學習，自己創造出來的。之所以會建立這樣的經營哲學，除因為一向喜歡「當自己」，做和別人不一樣的事之外，也是在不斷經營事業過程中，從中體會並訓練自己追求「Only One」的個性。

拿TPS來說，到今天巨大雖已學了二十七年，並曾找來前國瑞汽車總經理原田武彥等多位豐田汽車高階主管顧問指導，卻仍無法完全複製其成功經驗，而全世界製造業向「豐田式管理」取經的，更是不計其數，但有誰聽過，哪家公司變成豐田第一？更不用說超越迄今仍穩居全球汽車業龍頭的豐田，因為那是一套建構在豐田企業「改善」的獨特DNA之上、相對應的管理系統，有它能夠落實並運作的獨特條件。

企業的DNA不一樣、系統不一樣，經營價值觀也不同，很多事情對手可以做，我們不見得能做。反之亦然。巨大集團擁有工廠並且掌握通路，可透過 sBTS 這套 e化系統，精準掌握門市端需求，把庫存的折價損耗降到最低；進一步杜絕少數經銷商，藉由收購工廠快過季庫存品，大幅折價出售給消費者的「禿鷹式」銷售手法，對品牌價值造成傷害，而這都是國外自行車同業，做不來的事情。

總之，學別人怎樣都學不像，不管是個人還是企業，終究最重要的還是要認清，究竟什麼才是自己能做，而且是最擅長的。

人赤牛大隻

赤貧的農家因要更努力耕作才能溫飽，故犁田的牛隻日夜操練，也比別人家的牛來得健壯。引申與其怨嘆命不好，不如加倍打拚，英雄不怕出身低。

8 未來，決定現在！

環境一直在變，企業經營者要有掌握未來的氣魄，而所謂的商機，就是在對的時間點做對的事。機會是不等人的，打仗打在開火前，一旦商機出現，企業必須要有充分的準備，不能臨時抱佛腳，邊打邊練兵是絕對來不及的。

我總是強調，「未來決定現在」，但很多人問，怎麼知道未來會變成怎麼樣呢？有句話說：「春江水暖鴨先知」，如果你是那江中鴨，而不是在岸邊旁觀的鴨子，當然比別人先知道未來的天氣變化，就企業經營而言，就是對產業的未來趨勢了然於胸。

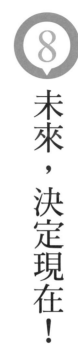

舉例來說，現在輕量、高剛性且吸震性高的碳纖維，已是業界所有高級自行車架，一致採用的最理想材料，這和早在一九八五年，我們就積極找工研院材料研究所，共同開發碳纖維技術，成為全球第一個量產碳纖維車架的自行車廠，有很直接的關係。

在當時，這種複合材料多只運用在航太產業，很多自行車同業都認為不可能，只有我們看好，做自行車的，幾乎沒什麼人聽過碳纖維；航太業對自行車沒有想法，當然更不懂得如何運用到自行車，唯獨歐洲有人用手工製造車架，但價格貴得讓人咋舌，也無法商品化，就連日本最大的碳纖維生產廠東麗（Toray），也因為沒有自行車製造的技術，想開發碳纖自行車架卻以失敗收場。

為什麼我們認定，碳纖維是值得投入開發的新材料？

因為專注在本業的巨大，是這行業的「江中鴨」，一直不斷思考著如何滿足並延伸消費者的需求，讓製造出來的產品，能提供車友更豐富的騎乘樂趣。

我們深知，對許多車友來說，「速度」是最重要的騎乘樂趣，汽車速度加快，可以靠加大馬力，自行車唯一做法，就是朝輕量化發展。過去車架材質從鐵轉變成為鋁合金，若要再進一步提升，勢必得靠開發碳纖維這類新的科技材質，才能促進產業提升。這樣的認知，是來自捷安特的品牌承諾：「啟動所有騎乘者探索的熱情，在他們難忘的騎乘體驗中，扮演最好的嚮導與同伴的角色。」（To inspire adventure in all riders by becoming the perfect guide and companion for their unique cycling experience.）

有了明確的想法，我們便全力投入開發碳纖維車架。當然，一開始也是跌跌撞撞，最早生產的一批碳纖自行車，是賣到美國的一千多台訂單，但出貨之後發現品質有問題，我馬上要求全數召回，每台單價好幾千美元，在當時算是相當高價的產品。

車子召回到廠裡之後，我不是修好瑕疵再賣出去，而是集合所有員工，找來怪手挖一個大洞，當著大家的面，將價值上千萬元的新車全數銷毀，就地埋在地底下。採取這樣激烈的做法，就是要告訴所有員工，品質是一個企業的生命，絕對不容許出現一丁點問題。

有「專」才能「精」

要有本事做出「未來決定現在」的判斷，則必須靠充足的「資料庫」，了解「過去」怎麼走過來的經驗，加上不斷深入經營「現況」，才能知道「未來」趨勢該怎麼走。

這也是為什麼，到現在為止，巨大集團一直不做多角化經營，不跨足投資其他行業別，始終專注在和自行車相關的本業，因為一旦分心，就不能當一隻真正行業內的江中鴨。個人也是，任何事情只要「專」就會「精」，若能全心投入該項行業，你對未來的變化，自然就會產生一定的敏感度，包括領導企業何時該提早發動變革，而不是等危機已經到面前，逼不得已才要改革補破網。

巨大創立初期總共有三十八人，到現在全球雇用上萬名員工，如何保有新創公司般的活力，始終是我最重要的責任。

二〇一三年六月，巨大內部成立「創新改革委員會」（簡稱「創改會」），啟動公司成立以來，第六次的創新改革階段，預計花三年時間，打造巨大成為受消費者歡迎、對社會帶來貢獻的「百年傳世企業」。

「創改」的工程很浩大，和一般日常的經營管理不同。自從二十五年前，將「創新挑戰」正式納入公司的核心理念之後，一次又一次的「創改」，不但確保經營策略與創新密切結合，更每每將公司推向另一個全新的成長階段。

非推動「創改」不可的理由在於，所謂「經營」，就是人跟金錢，如何在變動的環境，發揮最經濟有效的運作。一家公司，尤其成立越久、越有完整制度和SOP，以及既有價值觀的公司，更需要避免時過境遷的不合時宜做法，必須進行調整。

因此，企業每當成長到一個階段，一定要發動由上而下（Top-Down）的變革。因為領導人的高度比較高，公司各組織層級最高部門主管都要跟他報告，匯集了最豐富的決策判斷資訊，思考的面向比較廣，因而，領導人有義務負起公司長期發展、永續經營的成敗工作，這也是企業領導人真正的責任和最主要的工作。

巨大過去五次創改，多著重供應鏈管理，或經銷體系變革的單一性主題，與此不同，這一次創改全面而深入，主題聚焦在：「如何做出消費者無法抗拒的魅力產品、打造無懈可擊的供應鏈，以及提供消費者前所未有的體驗。」可說是把過去頭痛醫頭、腳痛醫腳，局部性改革卻造成罄竹難書的各種併發症，逐一診斷並進行系統性的大改造。

我要做百年傳世企業

說實話，之所以有這麼強烈的企圖心，想藉由這次創改，打造巨大成為「百年傳世企業」，和我七十三歲挑戰環島成功，存在直接關係。

環島之前，因為健康逐漸走下坡，有呼吸中止症，差不多整整兩年，睡覺時要戴正壓呼吸器才能入眠。人身體不好的時候，對事情的看法比較負面，總認為都這把年紀了，再學習什麼也沒多人用處，世界觀很晦暗，本來一度已經打算退休交棒，就算進公司開會，也是常常人到心不到，頻頻想打瞌睡，但環島成功帶來的成就感，不只發現了一個不一樣的新自我，更重新拚出經營企業的意志力和自信心。

目前巨大集團的「創改會」共有九位成員，除了我和執行長羅祥安之外，還包括財務、人資、行銷，以及負責兩岸產銷的最高階主管。我們經常透過一早的「咖啡會議」，交換意見並形成共識，扮演公司經營企畫的最高幕僚群角色，是公司內部正式組織；所形成的決策，也會透過執行單位推動，由專人管控執行進度、評估成果並不斷修正。

和面臨危機，才被迫思考該如何應變的「改革」不同；「創改」是提早因應趨勢變化，主動發起的改變。每個成功的企業，一定都有這樣的危機意識，比競爭對手更早一步，去探索明天的產品和未來的商業模式。用最簡單的話說，就是在生產今日產品的同時，也同步開發明天的產品。

就算當下生產的產品再熱賣，或提供的服務深受市場喜愛，一旦停下腳步，享受成功的光環，等到東西賣不出去了，或發現別人迎頭趕上，才要重新加速衝刺，進行大刀闊斧改革，不但困難重重，更會損耗掉內部的力量，浪費許多時間，而**「時間」卻是我經常強調，最珍貴的資源**。

正因為「改革」的成本實在太大，放眼全世界，企業改革失敗的例子，遠比成功的多，像是今天的日本索尼（SONY），或宣布破產的百年柯達等，真正改革成功的反而少，即便是「大象會跳舞」的IBM，改革深度也不足，導致近年成長動力再度趨緩，這都是很值得企業經營者警惕的例子。

◎標哥台灣諺語談管理

甘願囤布，嘸通囤衫褲

布匹原料剪裁製成衣褲，一旦賣不出去，便成為門市庫存品，但若仍是原料，則可彈性運用轉做其他用途。引申產銷管理，寧可多備料，並建立即時回應市場需求（Just in Time）的生產系統。

9 危機浮現才要應對，為時已晚。

在我眼中，真正的「企業家」有掌握未來趨勢的本事，在景氣不好時，虧損比別人少，卻更快恢復，景氣好時比別人賺更多，這是具備長線獲利能力的經營者，和隨景氣浮沉搶短線商機的「生意人」，大大不同之處。

巨大如今雖已是全球最大的自行車集團，但不管任何時候，我始終保持高度的危機感，且可說比全公司任何人，都要來得強烈。

就算不是經營企業，每個人一生中，也會遇到大大小小的危機。

六十三歲那年做健康檢查時，我被檢查出有胃癌跡象，幸虧及早發現，是零期的惡性腫瘤。我很認命，醫生說該開刀就開刀，切除了大半個胃，因為父親和二哥都是胃癌過世的，我知道自己有這方面家族病史，所以，過了五十歲，每次做健康檢查時，都會特別要求醫生檢查仔細一點。

和每個人一樣，這種事發生在自己身上，說不害怕是騙人的。但我一直相信，保持樂觀對於恢復健康，有快速的效果，所以，胃癌開刀完一個月之後，我就跑去美國參加自行車展了。

若要我回想，這輩子遇到的最大危機，年輕時養鰻魚，一夜之間魚塭被颱風捲走，應該是其中之一吧！還記得，那一天正值滿潮，颱風來襲造成海水倒灌，沖破整道堤防，我在魚塭旁目睹巨浪來襲，嚇得轉身開車就跑，幸好當時逃得快，否則連人帶車被海浪捲走，就沒有今天的巨大了。

四十多年前的我，面對一夕之間，投資在鰻魚場的兩千萬元，就這樣整個流掉，回到家整個人癱在沙發上，腦中一片空白，內心不斷吶喊著：「完了，這次被天公倒去了！」不明白老天爺為什麼要這樣對我。我一直擔心這筆債務，不知道還要再賺多久才能賺回來，整整大半年，我抑鬱到幾乎足不出戶，縮小規模繼續守在養殖池養鰻魚，直到幾個朋友拉我出來，一塊聚餐時才聊到自行車商機。

也因為被水患淹怕了，所以，後來巨大去中國昆山設廠，第一件事，我考慮的就是天災。當時昆山市政府被我逼得非得從外地找來土方，把廠房地基墊高超過馬路兩公尺，我才願意投資，就是要把可能導致失敗的原因找出來，事先做好防範。

隨時想著下一步怎麼做

危機無所不在，只看你有沒有發現而已，尤其是高度和格局，和員工不一樣的企業領導人，無論任何時候，都必須用心挖掘，可能導致日後危機的所有問題。

例如當發現市場已趨向飽和，消費者幾乎什麼都不缺，還不去想**「下一步應該要做什麼？」**放任潛藏的衰敗危機不去管，那麼下一步就是遭邊緣化，然後逐漸被市場除名了。就算表面上看起來很平順，但或許經營體質已經很脆弱，早已埋下一堆問題，只是還沒浮現出來而已。有句台灣諺語講：「神仙難救無命子」，等到問題浮現才急謀對策，為時已晚，也錯失改革的黃金時間。

此外，看一個人能不能從劣勢中再站起來，要觀察他在失敗的過程中，有沒有學到教訓，還是老是怪罪自己運氣不好，別人的運氣比較好。**人能不能成功，很多時候不是努力的問題，而是有沒有徹底反省**。以我養鰻魚血本無歸的例子，當然可以說純粹是運氣不好，歸罪給不可抗力的颱風，但我後來反省，有一個蠻根本的錯誤，不應該把魚池設在海邊，因為海邊風險最高，在投入前應該做完整的風險評估才對。

經營企業的過程往往也和騎自行車很像，危機帶來商機，有上坡就有下坡，上坡時固然要一步步往前踩，正當下坡又遇到順風，路況好時當然要大膽衝刺。

一般人總以為，騎自行車速度要快，用力踩就對了，但實情並非如此。上坡要靠純熟的變速技巧，而非蠻力；下坡則要有正確的騎乘姿勢，掌握好煞車力道，因為最怕萬一路況不平，速度快又不容易看清楚，很容易發生危險甚至翻車。

上坡、下坡皆學問

騎下坡路時，兩隻腳要夾住坐墊，屁股重心往後面移，這樣高速時才能穩住。同時，兩手一定要抓緊車把手，但手臂不能僵硬，這樣路面顛簸衝擊輪子，跳動時所產生的作用力，才有緩衝；緊急煞車時，兩手同時抓煞車沒錯，但左手煞住前輪的力量會比較大，若後輪煞車力道過大，就會打滑產生甩尾情形。

比喻為經營事業則是，機會來臨時，該加碼就要加碼，因為商機是不等人的。尤其，趁自己資源充沛體質好時，一定要加碼，商機是共有的，你能拿去別人也可以得到，該加碼時不加碼，或該卡位時不卡位，別人就占領獨吞了。

在做投資判斷時，假使你已經看懂了未來趨勢，對基本面或勝算也有七成把握，就應該出手押注。任何賽局都一樣，不可能等輪盤停下來，才開始下注。連順境時都不加碼，眼睜睜看對手拿走機會，豈不是太可惜了？

姿勢正確、膽識也有了，還得掌握好前方路況，這樣下坡飆速才能常保平安。也就是說，衝刺事業或要加碼投資之前，最重要的是，要克服可能導致失敗的因素，或者改善、解決問題，這樣剩下的便是成功了。

一九九〇年前後，對岸中共領導人鄧小平，宣布採行改革開放的經濟政策，十三億人口不但擁有成本優勢，更是充滿潛力的龐大市場機會，加上台幣升值的壓力，為維持競爭力，很多自行車上下游同業早已到深圳等地設廠，但我認為不宜貿然西進，應從長計議，評估政治風險。

到底改革開放政策會不會延續下去？走回頭路的風險究竟有多高？經過至少四年的謹慎評估，我看到六四天安門事件之後，經濟改革的方向沒有改變，也多次向財經學者專家請教，確定中共的開放政策應該不會走回頭路，才拍板決定前往昆山設自行車廠。

那段期間，我經常出席各種兩岸經濟研討會，一位中國社科院的教授建議我，不妨轉往華東考察，那時昆山一帶還很荒涼，連電線桿都沒幾根，只有六和機械等少數台商在當地設廠，但因為離上海、蘇州的車程在半個小時到一個小時之間，是一個很具發展潛力的新興城市，我們也是第一家進駐當地技術開發區的自行車業者。如今回頭看，長三角一帶已是國際企業競相進駐的首選之地了。

選擇在華東昆山設廠，而非同業聚集的華南深圳，另一個考量是，兼顧日後十三億人口的內外銷市場。因此，巨大一開始在大陸，就是採取內外銷並重的經營策略，而不是只圖當地低廉工資、賺取眼前外銷財，昆山廠一九九四年四月落成後，隨後就在上海徐家匯開出第一家捷安特專賣店，進入這個全中國最能接受流行新事物的城市，布建內銷市場的自有通路測試市場水溫，了解當地消費者的偏好。

不到十年時間，搭上改革開放的經濟成長腳步，我們推出好騎又輕盈的輕快車，打出「換一個步伐前進」的行銷訴求，「捷安特」很快就超過當地本土品牌，躍居大陸自行車市場銷量第一的品牌，更成為第一批獲得中國商務部「馳名商標」認定的品牌。

事實上，巨大也是當時所有前往中國設廠的輪業界中，一開始就布局內需市場的唯一廠家，雖然晚了同業四年赴大陸投資，卻沒有因此落後，關鍵在於做任何決策，都是著眼未來，一旦確認了自己的判斷，就有膽識選擇走「Only One」的路。

○標哥台灣諺語談管理

寵豬舉灶，寵子不孝

引申企業內主管對人對事，理性和感性要分開，不能因為怕得罪部屬或傷及他的自尊心，即使部屬犯錯也不敢嚴格告誡，反而成了誤人子弟的差勁主管。

10 成功，高興十分鐘就好。

迷戀賭博是不好的習慣，但在賭場裡可以見到真實的人性。賭場裡頭，最常見到兩種人。一種人，用台語形容：「贏贏賭，博到輸輸去」，意思是說，明明贏了大錢，卻因為想贏更多，一押再押，最後賠了一屁股被迫出場；另一種人，則是沒錢也要硬借錢來賭，想要來個無本大翻身。

這兩種人都不聰明，但必須承認這是人性，如果沒有這兩種人貢獻，像拉斯維加斯（Las Vegas）的這些賭場，怎麼能開那麼大呢？

只有一種人是聰明的，他知道在賭場裡頭，贏是異常、輸是常態。

一開始，這個聰明人會選擇用自己有限的籌碼，比方說拿五萬元上牌桌，贏錢見好就收，不多留戀，輸光這五萬塊便立刻走人，不會心有不甘，借錢再賭搏翻身。這種人才是真正厲害的角色，他一開始心中就有計畫，這個計畫是建構在賭場賽局的現實之上，並用平常心看待輸贏。

經營企業經常要面對未知風險，本身也是一種賽局。我看過太多台商去中國經營，剛開始一帆風順，卻不知及早轉型調整，最後是慘賠打包回來，落得「贏贏賭，博到輸輸去」的下場。

我在公司常強調，做任何事情要與時俱進，任何獲利機會都不是永遠的，過去代工訂單接都接不完、眼前中國大陸經濟蓬勃發展，但不會永遠如此。一旦嗅出未來趨勢可能改變的味道，就要著手調整人才結構和經營策略，快快做出轉型的決策。

經營者若能認知運氣好是異常，而非常態，少年得志也可能是一時機運好，在看待任何成功時，就不會總以為是自己的功夫特別好。我經常告誡同仁，再不得了的成功，高興十分鐘就好，不要陶醉在過去的成功模式，真正的成功者要禁得起持續不斷的考驗，唯有時間才能證實一切。

尤其，人沉浸在成功時，往往是最遲鈍的，會忽視自己看不到的盲點。更常發生的是，處於順境時，內部就算已潛藏各種問題，卻因經營者缺乏危機感，視而不見，無法把握黃金時間提早調整，終而釀成一場災難。

經營永遠是現在進行式

以前曾有員工跟我講：「巨大都已經做到台灣最大了，還要怎麼樣？」一個人或一家公司，如果成功之後不能保持平常心，滿腦子被既有的成功模式占據，以為不管遇到什麼事，這樣做就對了，就會無從體認過去、現在與未來，永遠不會直線前進；不同時間點遇到的人、事、物和情境，也都完全不一樣，無法調適的結果，最後成功反而變成永續經營的最大阻礙。

二〇〇九年，我宣布 A-Team 轉型，是卸下成功包袱的典型例子。

當時，產業轉型已見成效，A-Team 階段性的任務完成，我便主張應結束這樣同業合作的模式，轉變為聯誼性質的同業組織，大家回歸市場機制。儘管有會員質疑：「繼續這樣不是很好嗎？」但我們應了解，自由經濟的市場力量非常大，不是個人或個別產業能阻擋的，同業合作是非常時期的非常做法，繼續合作若變質成壟斷，就會扭曲產業生態。況且，有競爭才有進步，正是因為競爭，自由經濟才會比共產主義的計畫經濟好。

可以這麼說，台灣自行車業有今天這樣的地位，是該合作的時候合作，該競爭的時候競爭，沒有因一時成功而迷失方向，或鬆懈下來放慢腳步。經營永遠是現在進行式，時時、年年在競爭，就像飛機起飛後，不管碰到逆風或順風，都要繼續往目的地飛行一樣。甚至，經營企業是看不到結果的，不像在奧運場上，選手比賽結果馬上可見分曉。

「三分生存、七分發展」是共產黨在抗日期間，曾提出的戰爭哲學。同樣的，追求永續經營，該用幾分力量守住戰果、花多少資源嘗試創新？經常也是企業經營者須抉擇的兩難。

換句話講，「生存」即是防守，「發展」是發動攻擊的意思。依我的個性，必定選擇「以攻為守」的方式。因為一旦守成，就會浪費時間，時間卻是最珍貴的資源。

具體來說，「生存」只是跟隨市場趨勢走，人家做什麼我也跟著做，該做什麼，答案很容易判斷，且已經看得到，那是撿現成商機的老二心態，僅能得今天勉強溫飽，到明天不見得有飯吃，後天就更難說；若論「發展」，則是要走在市場最前端，扮演開創者角色，做出能讓明天、後天都有飯吃的事情。

想生存，就要不斷進攻

用騎自行車來形容，不繼續踩就會倒掉，這是「生存」需要花費的力氣；要追求速度感、超越同行對手，付出的額外體力便是「發展」。究竟「生存」和「發展」資源占比，到底是應各三成、七成，還是二成、八成？這要視不同的經營階段而定。就像騎自行車該用怎樣的速度前進，得視當天要騎的路程多遠、路況是否適合衝刺、車子的性能是否理想，並盤點自己體能狀況等的因素而定。

企業經營勝出關鍵，無非就是「攻」、「守」之間，如何交互運用並精準拿捏。我向來認為，**想繼續生存就要不斷進攻，花在攻擊的心思和力量，一定要大過於維持現況的慣性，企業才能維持成長的動力**。舉柯達這家百年公司為例，當初就是瞧不起數位的趨勢，沒有花足夠力氣，攻進新的市場領域，最後才落得破產下場。

因此，最佳的永續經營策略，是任何時間「攻」都要大於「守」，除非是發生問題或已經落敗的公司，連生存的體力都沒有，要攻也攻不了，不得已只好先守住根基，調整體質找機會練兵，待逐漸恢復競爭力，等景氣好轉時再出擊。

自行車號稱「萬年工業」，只要人類存在一天，市場永遠都有需求。正因為是如此傳統的行業，其中因缺乏研發能力，而慘遭淘汰命運的經營者和公司，不計其數。只有因應趨勢變化，採取攻勢做創新；回應市場需求，不斷自我改善，做出消費者期待的產品、感動的服務，才能繼續存活下來。

一九八一年，巨大集團自創捷安特品牌的過程，是一個以攻為守的具體例子。

當時，我們因為品質逐漸受到國外客戶肯定，代工訂單不斷成長，年產近六十萬輛自行車，還獲頒經濟部的外銷績優獎，一度掌握曾是美國知名品牌世穩（Schwinn）七成代工訂單，對方也是占巨大七成訂單的大客戶，雙方對彼此的依存度都相當高。

照理說，眼前的生意做不完，「生存」不是問題，但我卻開始擔心，訂單過度集中在單一代工客戶，哪一天幣值大幅波動，或對方突然移情別戀、更換代工廠，巨大豈不一夕之間就要垮掉？基於這樣的危機感，我便著手發展自有品牌捷安特，建立自己事業真正的根基。

果不其然，幾年之後，令人擔心的事情發生了，這個超重量級客戶，在未與巨大磋商的情況下，自行前往深圳設廠，抽走當時公司賴以生存最重要的訂單。所幸，在大客戶變心前，我們早已建立自有品牌，並逐漸在國內打開市場；於此存亡之際，更決定加速將品牌推向國際市場，短短五年內便在歐洲、美國、日本、澳洲及加拿大等地，設立行銷公司。

消費者的期待其實很簡單，通常只是希望花同樣的錢，得到比上次更高的滿足感。不只自行車界的巨大，賣小籠包賣到每家店天天排隊客滿，走到國際開出近百家海外分店的鼎泰豐也是，都是因為經營團隊不但能跟上時代，更始終抱著進取的心態，晴天不忘雨時，不斷做好創新經營，是最終能掌握自身命運，沒被時代和市場淘汰的原因。

最好的經營者，得隨時保持衝勁與危機感，即使已經贏過對手了，再把差距拉得更開，沒有什麼不好。因為，**在你領先的同時，別人可能也在進步，比別人進步慢時，我們就算退步了。**

欠錢走主顧

開店做生意，若經常讓顧客賒帳，客人會因始終欠店家錢，擔心遭催債，越來越不敢上門交易。引申經營事業，放帳給客人，要注意債信，否則，只是鼓勵他提早離開你。

11 神討厭貪心的人，一個人只能許一個願望。

我曾造訪日本廣島縣吳市，三百多年歷史的御手洗老街，在一處神社內，眾人要通過一個據說許願很靈驗的「可能門」時，當地文史解說人員告訴我：「因為神討厭貪心的人，所以一個人只能許一個願望。」

我覺得這句話，非常有智慧，充滿啟示。

一路走來，我始終忠於自己選擇的信念，一心專注在自行車本業，巨大也不曾靠業外投資成長，或一般人所講的，把雞蛋放在不同籃子，好分散經營風險。用神的話語形容，我確實只擁有一個願望。

坦白說，這樣做難度很高，經營企業不是我董事長一聲令下，大家就非得聽你的不可，社會各方面的誘惑，投機性金融、炒房等天天向你招手，同仁也會質疑，別人都這樣做為什麼我們不做？我不免也會自我懷疑。

要堅持踏實經營真的很不簡單，必須在內部不斷溝通，花很長時間建立共識，並做出成績，讓大家真正體會到，這樣做才是事業永續發展的基礎。

為什麼我如此堅持固守本業，難道把雞蛋放在同一籃子，是最好的經營策略？

我的思考邏輯是，固然人的能力可以開發，但畢竟有限，把精力分散在兩個以上行業，就像同時想抓兩、三隻兔子，很可能一隻都抓不到；集中精力在一個行業，全心抓一隻兔子，就一定抓得到？也不見得，但勝算一定會比分散注意力要高許多。

正因為把「雞蛋放在同一籃子」，所以時時要有危機意識，很注意任何會影響產業安危的事情，包括政治氣氛變化等，而即便一時賺到錢，也絕對不能放鬆，要戰戰兢兢的，隨時準備變革創新。

很多人說多角化經營，分散風險比較安全，我認為，那只是看到表面。很多企業做多角化事業布局時，常因為本業還能生存，多角化卻虧損連連，最後被業外投資拖垮，例子不勝枚舉。所以，我很不習慣和別人換名片時，翻過來翻過去好幾摺，密密麻麻一堆頭銜，除了很佩服他的能力之外，我實在是不敢領教。

投機大興，不離大敗

嚴格說起來，我的經營哲學，受父親影響最大，但這個影響很微妙，並不是認同他做生意的手法，反而是從小時候，不認同他做投機生意開始。

早在日據時代，父親就常跑日本、香港、上海，稱不上是國際貿易，他只是看到有什麼商機就做什麼。例如日本人喜歡香蕉，但香蕉不易保存，他就去批購快熟透的香蕉，做成香蕉乾賣去日本；二次大戰躲空襲的時候，房子不值錢，很多人沒東西吃，一隻雞可以換一棟樓房，他有獨特的經營邏輯，低進高出，那時我們在沙鹿，一度整條街的樓房都是父親擁有的。

在那種時空環境下，父親這樣做沒有什麼不對，只是在我的成長過程，逐漸了解到做投機生意的利弊。這樣的日子很不穩定，大起大落，光景好的時候，風風光光人人爭捧；虧錢的時候，被大家看不起，人情冷暖點滴都落在心頭。

後來台灣光復，父親眼見情勢安定了，把整條街樓房高價賣出，賺很多錢放貸賺利息，怎知後來四萬舊台幣換一元新台幣，最不值錢的反而就是錢。

這也是我後來想做製造業，投入實業經營的最重要原因之一。

父親到了晚年，轉而和人投資罐頭、麵粉工廠等製造業，我也是因為這個緣故，二十六歲自行創業前，就到他公司當麵粉廠的廠長。我始終記得父親常說的：「大興不離大敗」、「快燒、快冷，快臭酸；無燒、無冷，卡久長」（台語），前者是說，暴起暴落的成就，多半帶來災難性的下場；後者則要提醒，因一時景氣飆漲的股市、房地產，後面一定會有泡沫產生，唯有踏實經營才是上策。

自行車產業更吸引我的是，它是可以靠自己實力經營，持續創造穩定成長利潤的實業。

運氣，禁不起考驗

這和做股票投資，或開發房地產為本業的公司，有很大不同。表面上看來，一樣都在經營事業，但股票、房地產，賺的是機會利潤，能不能獲利，全靠判斷什麼時候上、下車的本事，也就是買進和賣出的最佳時間點選擇。做這種事業，任何時間都可以進出，若判斷正確，可能賺一檔就可以吃上好幾年，但獲利多少卻無法操之在己，儘管外界經常美化為「投資」，卻脫離不了「投機」的本質。

有一個階段，我們也很羨慕別人能賺機會利潤，甚至動念想學他們玩金融遊戲。但後來發現，**凡是靠運氣、外在環境的投機生意，都是禁不起考驗的**，成功了人家可能會認為你很有眼光、能力很高，但失敗就一文不值甚至淪為破產。

那些因為賺投機財，一時成功的公司，最後往往因有光鮮亮麗的財報，以及外界錦上添花所給予的光環，更加看不清楚自己的問題，和企業內部潛藏多時的危機，滿手未爆彈而不自知。

企業和個人一樣，只有穩定成長才會有好體質，莫名其妙來的機會利潤，就算今年賺一個股本，大家高興一陣子，但第二年、第三年呢？當錢來得太容易，會讓人陷入輕敵、過度自信，延伸出不正常的思想，帶來很多意想不到的負面變化。

比起靠機會財賺好幾個股本，我更重視健康的成長。至於要成長多少才算好，可能因行業特性而有所不同，對實業經營者來說，如果營業額每年能保持一〇％到二〇％的兩位數成長率，就非常了不起了。畢竟，市場還是有不確定性，景氣要怎麼起伏，由不得人，在變化是常態的基礎上，若能年年維持穩定成長，就算了不起的成績，這才是永續經營的基礎。

巨大做過很多不追隨別人經營模式的「Only One」，那是來自著眼未來趨勢，把獨特性和市場需求，一樣一樣找出來，從來都不是先設想要賺多少錢，因為如果把利潤排在第一優先，再討論經營策略的話，經營的本質會遭到扭曲。

換句話說，「唯一」是我們的方向和策略；世界「第一」是結果，而非一開始存在想要成為世界第一的野心。

我始終相信，追求「唯一」，企業才可能永續成長；標榜「第一」，往往只是帶來得意忘形的副作用，讓人看不到潛藏的問題、失去危機感。尤其，鬆懈下來之後再啟動，還須克服摩擦力的問題，一個人騎自行車還好，只要自己多用點力踩就好，但若是企業組織，有其中一、兩位成員不動起來，團隊就無法真正有效運作。

看到頭家吃肉，沒看到頭家被打

員工往往只看到老闆經營有成，吃香喝辣的一面，卻沒看到商場如戰場，老闆遭遇競爭對手殘酷廝殺的一面。引申勞資雙方應常抱持同理心，建立和諧關係。

12 徹底做好有意義的事，可以改變世界。

巨大如今已是世界第一大的自行車製造集團，在很多人眼中，可能以為這是我這輩子最大的成就，但我自認，把 YouBike 做到世界第一，雖不是為創造利潤，卻是一生最有意義的工作。

全世界最有名的公共自行車租賃系統，是法國巴黎的 Velib（自行車的法文），每輛自行車一天的週轉率約六到七次，但自二〇一二年底，在台北建置的 YouBike，最高週轉率卻可以達到十五次，平均也有十至十二次，兩年來總騎乘人數已超過三千萬人次，以台灣總人口數兩千三百萬人推算，包括剛出生的嬰兒，所有的人平均都騎過一次以上；若是用台北市總人口兩百六十萬人來算，每人更騎超過十多次。

二〇一四年五月，YouBike 跨過淡水河到彰化設站，當時我們推想，在中南部一天週轉率若有五次，已經不錯了，結果竟然平均有八到九次，還引來同在彰化縣員林鎮民抱怨，為什麼只有彰化市有 YouBike ，難道住員林的都是二等國民嗎？（編按：員林市已於二〇一四年八月建置 YouBike 。）台灣 YouBike 推廣成效世界第一，連來訪的大陸官員都當面表達，希望我們能輸出這套系統，大家可別忘了，中國人可是剛丟掉自行車、汽車銷售狂潮世界第一的地方。

甚至，日本《東洋經濟》雜誌記者野島剛，也為文探討台北 YouBike 不但受到市民歡迎，更帶來機車減少的市容改變效果，短短兩年就有這樣的變化，真是奇蹟，呼籲日本也應學習這個台灣經驗。

對多數市民來說，可能只是覺得 YouBike 很好騎，並不知道這背後的專業，和熱情、使命感，存在著什麼樣關係，我不客氣的說，今天

YouBike 若不是巨大來做，不可能是這樣的規格。

事實上，這麼多年來，我對世界各國的公共自行車，涉足相當深。多年前去巴黎考察時，不但親自騎 Vélib ，甚至還把車牽進飯店從裡到外仔細研究，看是用什麼規格的零件？如何做特殊設計，配件才不會被拆下偷走？下功夫要下到這種程度。另外，不同國家的公共自行車系統長處、短處，都在我的資料庫裡，進一步歸納出，各國提供的騎乘服務，仍有許多不足的地方。

例如，國外許多城市的公共自行車，每一站上總有兩三輛自行車，不是氣壓不足、就是落鏈；或一部車騎起來，該響的鈴鐺不會響，不該響的地方拚命響，市民沒有好感，導致週轉率下降，營運單位就無法獲利，很多公共自行車系統營運商最後入不敷出，便把爛攤子丟給政府。

就連巴黎 Vélib ，他們出租的車子就很難騎，因為那是發包給行銷公司向自行車廠批來的。

是不是有辦法克服這些問題呢？我總相信，徹底做好有意義的事情，可以改變世界。於是我們埋頭下很多功夫，從開發專屬車款、捷運交通系統整合，到與悠遊卡結合的 RFID（無線射頻辨識系統）金流服務，思考怎樣可以藉由 e 化，建立一條鞭的管理和服務系統，最後才研發出如今這套，具備制訂全球ＢＳＳ（Bicycle Sharing System，自行車分享系統）新規格和門檻的能力。

管理過程比達標重要

我做任何事情都想得比較遠，著眼點在長久的未來，並深切認知到，領導人若沒有具備看到未來五到十年的眼光，企業是不可能真正永續經營的。就像種田一樣，從播種到收成，總有一段等待期得熬過去，今天的投入不可能明天就發酵，過程是必經的階段。所以，我凡事很重視過程，在公司內部，對於過程的管理，遠比目標達成與否還要下功夫。

建置 YouBike 時，我堅持要命名為「微笑單車」，讓市民覺得活潑、感性和幸福感，光 Logo 就找來三家設計公司比案；而 YouBike 「your bike」，則是想傳達，這輛自行車是屬於你我的意涵。

我堅決反對使用「公共自行車」的官方語言，這五個字看了就讓人心涼了一半，產生不了讓人想親近的動機；使用者也會認為，既是「公共」自行車，又何必愛護珍惜。但市政府回覆說，標案內容載明的是「公共自行車」，不能任意改變，我說不管，你們編預算、跑公文照官方規定，但面對市民一定要用「微笑單車」。雙方為此爭吵了許久，但現在，連市府官員對外替台北做旅遊宣傳，也都使用 YouBike 這詞，在台灣， YouBike 一詞，甚至已取代「公共自行車」。

這些堅持帶來的好處是，根據官方統計，巴黎公共自行車失竊或遭破壞的比率，一開始曾高達兩成以上，但兩年來，台北市五千多輛「微笑單車」，卻只有不到十五輛通報失竊，且很快就被市民主動協尋回來，印證大家都把這輛車和自己做連結的心理。當然，更證明台北市民的素質確實很高。

不只命名如此，整部 YouBike 也是我親自跳下來設計，督軍工廠生產線，因為我們是這一行業的專家，知道市區路況需要怎樣規格的自行車，所以設定前輪二十四吋、後輪二十六吋的特殊規格，雖然全車重達十七公斤，但前輪小後輪大，踩出去剎那一點都不費力，一出發就輕鬆好騎，市民才會真正喜歡騎。

至於輪胎本身，為便於維修管理，國外多數公共自行車，多半採用免充氣的發泡胎，但騎乘感受不佳，所以 YouBike 還是採用打氣胎，因而付出的代價是，須建立一支「打氣大隊」，每天到各站巡迴檢測胎壓。

為此，我更動用集團的製造資源，找來最好的供應商，採用最高規格零配件。不只採用日本島野的內變速器，還情商全球最大鏈條廠桂盟（ＫＭＣ），開發 YouBike 專屬超耐磨鏈條。可承受一千兩百公斤拉力，強度更勝高級自行車九百公斤拉力；坐墊則是委由高級車坐墊大廠維樂(Velo)，設計下過雨後騎上去不會弄濕褲子，排水性佳、快乾且具防菌功能的特殊規格，維樂因為開發出這個坐墊，後來還獲巴黎公共自行車營運商，指名大量採購。整部車在上路之後還不斷改進，現在大家在路上騎的多數已經是第二代、第三代，部車造價要台幣上萬元，一點都不誇張。

如果再仔細觀察這部 YouBike ，還會發現，在車架下管和前輪的輪架之間，我們還刻意裝上一條短彈簧，這條彈簧的功能有二：第一，可以輔助固定車頭方向，讓很久不曾再騎車的市民，一上車踩出去，就可以順利直線前進，不容易歪斜傾倒。第二，由於短彈簧可以牽引前輪和車身，車輛停在租借站的柱子旁時，能「抬頭挺胸」整齊排列，不會七零八落，維持市容美觀。

這樣的品質水準，是全世界其他城市公共自行車跟不上的。別人想的，只是讓市民有車子騎就好；我們關心的，卻是要有好車子騎才行。

有媒體形容 YouBike 是「最高級的庶民車」，我覺得很貼切。曾有市議員拿越南製的淑女車在議會質詢，說和 YouBike 外型差不多的自行車，大賣場一部市價不到五千元，我聽了實在好氣又好笑。

別人不做，就是我們的機會

在軟體配套方面，為求後台管理系統的長久穩定性，巨大決議出資入股「微程式」，這是原本幫悠遊卡做資訊服務的公司，因此，儘管隨營運規模不斷擴增，中南部也越來越多縣市有 YouBike ，仍可維持良好的系統運作順暢度。

為了讓每一部 YouBike 車況處於最佳狀態，不只要定時回廠保養，還有一組專人巡迴各場站做檢修；為提高週轉率，離峰時間則是派出貨車調度，將車輛配送到尖峰用車需求量大的租借站；額外成立不在BOT合約規範內的二十四小時客服專線……，太多這些環節，都是成就「世界第一」週轉率背後看不到的細節。

包括台北市 YouBike 租借站據點，我也要求務必以鄰近捷運站為主，成為大眾捷運的子系統，有了捷運加 YouBike ，便能直通市民住家。

YouBike 的定位是輔助性的交通運輸系統，車身識別選用和高鐵一樣的橘色系，也是最能融入街景的顏色，從沒考慮過，是否要用捷安特商標的色系。

因為別人不做，我們做了就有學習，儘管付出很多，但從中回饋學習收穫更多。現在，不只台北、彰化、台中、新竹，從北到南的多個地方政府，都因出自市民期待，正極力邀請我們去當地建置 YouBike 。我認為，**當消費者有所期待，才是真正成功的品牌**，就像大家會很關心新一代的蘋果 iPhone 智慧型手機，什麼時候發表一樣。

YouBike 本身已經成為一個品牌，徹底重視使用者經驗和感受，做出超越消費者期待的產品和服務，這和打造捷安特品牌的理念，是一致的，背後都有相同的中心思想，和堅持的理念。

Youbike 的獨家車體設計

菜籃》塑鋼製造
◎ 重壓變形不會斷裂
鈴鐺》警示不刺耳
◎ 演進第4代
◎ 耐用、不易失竊，鈴聲悅耳
車燈》感應發電不費力
◎ 靠前輪軸心輪鼓發電，非傳統摩擦發電
◎ 降低騎乘阻力，一踩就發亮
停車柱》
3秒內完成取車
◎ 一柱2車的高運量設計
◎ 整合RFID辨識系統與小額支付系統
◎ 3秒內可完成取車
彈簧》獨家設計防震
前輪和車架間輔助彈簧是獨家設計
提高騎乘時直線前進穩定度
可保持停放時車頭方向一致
刷票機》全球唯一免押金
◎ 手機號碼加悠遊卡即可成為會員
◎ 3分鐘內完成註冊可取車
◎ 全球唯一加入會員免押金

摘自《商業周刊》1393期

◦標哥台灣諺語談管理

鼻越接越長

引申解決問題時治標不治本，投入的人力和物力，都在做虛工，不但沒有就問題癥因進行改善，反而把原本單純的事情給複雜化了。

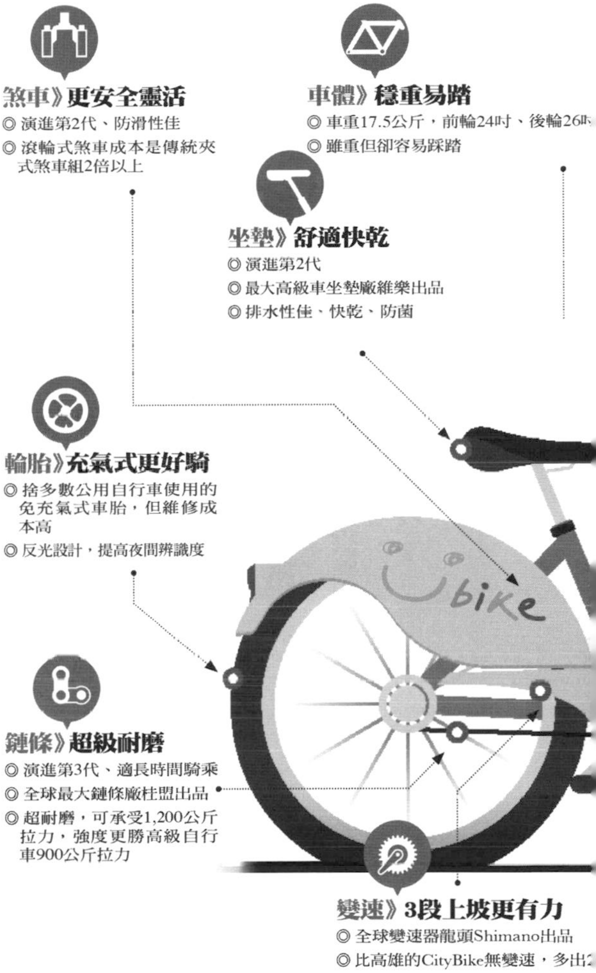

煞車》更安全靈活
◎ 演進第2代、防滑性佳
◎ 滾輪式煞車成本是傳統夾式煞車組2倍以上
車體》穩重易踏
◎ 車重17.5公斤，前輪24吋、後輪26
◎ 雖重但卻容易踩踏
坐墊》舒適快乾
◎ 演進第2代
◎ 最大高級車坐墊廠維樂出品
◎ 排水性佳、快乾、防菌
輪胎》充氣式更好騎
◎ 捨多數公用自行車使用的免充氣式車胎，但維修成本高
◎ 反光設計，提高夜間辨識度
bike
鏈條》超級耐磨
◎ 演進第3代、適長時間騎乘
◎ 全球最大鏈條廠桂盟出品
◎ 超耐磨，可承受1,200公斤拉力，強度更勝高級自行車900公斤拉力
變速》3段上坡更有力
◎ 全球變速器龍頭Shimano出品
◎ 比高雄的CityBike無變速，多出

GIANT

Part 3
進取的人生，無限延伸的夢想

人生就像騎自行車，要保持平衡，就必須一直向前。
Life is like riding a bicycle. To keep your balance you must keep moving.
~科學家愛因斯坦(Albert Einstein)

前言

跨出去，才能看到前面的風景。

深秋的晨光，如金蔥般灑在日本瀨戶內海，一身勁裝通過來島海峽大橋的，是兩個自行車傳教士。一位是來自台灣的「標哥」，另一位則是受標哥感召，立志要成為「日本自行車傳教士」的愛媛縣知事中村時廣。

二〇一四年十月二十六日，這一天，是愛媛縣與廣島縣共同合辦的「瀨戶內島波海道．國際自行車大賽」，連接四國與本州之間，長達四十六公里的高速公路，從上午六點到十二點，破天荒全線封閉，讓串起瀨戶內海九座小島的海上公路，成為供自行車騎士快意奔馳的夢幻樂園。

根據大會報名統計，逾七千兩百位自行車車友，遠從三十一個國家前來，共襄此日本歷來最大的國際自行車盛會。來自台灣百餘車友，安排在第四個出發梯次，領騎的正是剛主持完鳴槍起跑儀式的中村時廣，「沒有劉董事長，就辦不成這次活動。」他說。

當晚，大會特別以正式晚宴，舉辦盛大的「台灣之夜」，以國賓級規格款待台灣車友，中村時廣更當眾推崇：「劉董是我在台灣的父親！」而全程陪在主桌大位標哥旁的，還有廣島縣知事湯崎英彥，兩位日本縣級民選首長。

時間回到二〇一一年。為振興愛媛縣地方觀光，透過捷安特日本分公司安排，中村時廣親赴台中巨大總部，向世界最大自行車製造集團巨大請益。「劉董一席話，帶給我很大衝擊，讓我對自行車想法有了徹底的改變！」他說，在日本，自行車是通勤、上學或購物的一般交通工具，但劉董提示他，如果活用自行車，可以帶給人們健康、生活意義，以及與車友連結的情誼，這也是巨大在台灣推動的「自行車新文化」內涵。

之後，中村時廣更親往台灣日月潭的環湖公路，以及台北到宜蘭的北宜公路，兩度實地騎乘，深度體驗台灣的自行車風氣。他這才體認到，原來自行車能帶給人們幸福感，但一開始卻只想到把自行車當作振興觀光的工具，「實在非常慚愧」。

而捷安特與台北市政府攜手建置「YouBike微笑單車」公共自行車系統，兩年內寫下三千萬使用人次紀錄，推廣成效世界第一，正是「自行車新文化」的具體實現。但標哥仍不以此自滿，他內心還有一個大夢，那就是既然台灣自行車產業實力領導全世界，當然可以讓全世界的人來台灣，體驗最好的自行車，就像要滑雪，很多人會想到瑞士，以後人們騎自行車，會想到台灣一樣，成為全世界車友心目中最棒的「自行車樂園」。

如同瑞典宜家（IKEA）品牌，賣的不只是家具，而是北歐的簡約生活風格；同樣的，如今巨大捷安特輸出的，已不僅是高品質自行車，而是以自行車為出發點的質感生活與騎乘主張——「自行車新文化」，輸出對象還是生活產業大國——日本，更再一次提升自行車產業格局，逆轉傳統產業終將凋零的宿命。

一輛簡單平凡不過的自行車，騎出了無比精彩的人生風景，創造一連串的產業驚嘆號。用長鏡頭看標哥，會以為是奇蹟，但與他並肩前行，才知道這並非「奇蹟」，而是「累積」，千里之行始於足下，一切都從跨出的第一步開始。

13

無私，是熱情真正的基因。

許多媒體或業界朋友，喜歡稱我「自行車教父」，但我更喜歡大家叫我「自行車傳教士」。

稱自己是傳教士，是因為七十三歲挑戰環台成功後，不只發現自己變年輕，這股活力，也感染了全公司的同仁，士氣比以前更高昂，並帶動大家騎車的風氣，很多同仁說：「既然董事長都能環島了，為什麼我們不能？」

以執行長羅祥安為例，過去七年來就騎了七次環島，平均一年騎一趟；財務長杜綉珍不只號召女性車友，挑戰自行車環台，年近六十五歲的她，還自我挑戰鐵人三項。這都是我環島前沒想過會發生的，原本只是單純想「逍遙遊」留下個人紀錄，讓孫子們知道，他們的爺爺七十三歲的時候，還能騎自行車環島一周，但跨出這一步之後，卻激發我產生強烈動機，想把騎自行車的樂趣，推廣給更多人。

我常說，這是發現新自我之後的「釋放熱情」階段，用盡力氣倡導騎自行車風氣，動機絕不是老王賣瓜，說自己生產的自行車好；或當自家產品的代言人，想藉此多推銷幾輛捷安特自行車，如果是這樣，也未免太小看我們公司年輕人的能耐了。

事實上，是不是為私利，外界和社會大眾的眼睛都是雪亮的，不要以為大家看不懂，你走過的路就是你個人的品牌，我們一路走來這麼多年，做很多推廣騎車運動風氣、投入挽救產業危機的事情，從來都不是為一己之私，我稱這才是熱情的真正基因，如果有私利在裡面，就變成缺點甚至是汙點了；沒有行動力，只是把熱情兩字掛在嘴巴上，那也不是真正的熱情。

傳教士沒有熱情是無法傳教的。社會自有可愛文明的一面，很多人看我這樣做很有意義，也帶動他們騎車的熱情，形成的一股騎自行車（Cycling）新風潮，更擴散到台灣以外的許多地方。

二〇〇九年，我花二十天時間，以「兩岸健康情，雙輪快樂行」為主題，從北京騎到上海，不但是兩岸交流的創舉，更受到當地政府高規格接待，所到之處各書記、市長都出來接待，一路夾道歡迎、排隊拍照的車友遠超乎我想像，甚至封閉高速公路沿途交管，讓我們所到之處一路綠燈。也許是老翁騎車頗具話題性，當地媒體大量報導，改變了大陸車友對於自行車的刻板印象。

二〇一二年，日本愛媛縣中村時廣知事，看我們在台灣推廣自行車風氣很成功，便率領十八位議會成員，遠從日本到台中巨大總部，很謙虛的和我交談四個小時，並邀請我前往當地體驗被ＣＮＮ評選為「全球最美的七條自行車道」之一的島波海道。

原本熱中馬拉松運動的中村時廣知事，在我鼓勵下，也迷上騎自行車，不只自己騎，知事夫人也騎，更帶動了縣府同仁、愛媛縣議會和縣內企業主的騎車風氣，他發願也要成為「日本的自行車傳教士」。

不知不覺當中，從國內到海外，越來越多人自願當傳教士分身，滿街越來越多傳教士，共同推廣自行車新文化理想。

不是奇蹟，是累積

回頭再看自己走過來的路，能有這些成果，都經過長時間累積，先以社會的認同和支持做為基礎，帶來自我肯定，以及隨之而來的成就感，進一步促進意義的明確化，激發出更加積極的新動力。

我不只做一個夢，而是有很長遠的目標，隨不同階段持續調整，運用PDCA（Plan-Do-Check-Action，計畫—執行—確認—行動）的經營管理做法，一個目標或計畫落定之後，就會透過這四個步驟，找出問題點，進行調整和修正，持續不斷循環檢討，直到達成目標為止。

至於該如何調整，一切須視能不能為社會大眾和車友帶來好處而定，一面盤點資源，有多少實力做多少事，就算無法馬上達到目標，先達成五〇%總可以吧，PDCA不斷循環，一個一個階段下來，便能逐步建立起獨特的廣度和高度。建置 YouBike 成為全世界週轉率第一的公共自行車系統，正是經過一段這樣的迂迴過程。

全世界有七百個城市，都已陸續建置公共自行車系統，英國倫敦市長強森（Boris Johnson）甚至說：「世界上分兩種城市，一種是已經有公共自行車，另一種是正在規畫的。」但因為公共自行車系統不是獲利的事業，所以全世界沒有任何自行車大廠，願意跳下來經營。況且，如果把公共自行車經營得太成功，大家都有車子騎了，以後工廠生產出來的自行車要賣給誰？萬一失敗，問題更大，不只市民、政府會罵，媒體的批判更讓人無法承受，豈不是落得「滿臉都是豆花」的下場。

其實，一開始，巨大內部也沒人看好這個事業。YouBike 的BOT案第一個階段，台北市政府撥款一千兩百萬元，在信義區試辦十一個租賃站，但我們投入兩年，累計虧損五千多萬，公司所有董事都紛紛反對繼續承接。

老實說，虧了錢我一點都不心痛，只覺得灰心，這麼努力既得不到市民肯定，也不能成為市政府政績。

於是，第二階段的ＢＯＴ標案之前，我去找當時的郝龍斌市長，對他說，原本合約照樣走完，繼續虧下去也沒關係，但我要下車了，我不玩了！後來郝市長發現，如果不是像捷安特這種廠商，對自行車充滿熱情和使命感，公共自行車的市政建設根本推不下去，才請時任的交通局長林志盈，到大甲總部找我商議如何繼續推動。

寂寞的 YouBike

雖然一開始，信義區試辦計畫虧損五千萬，但過程中卻學到相當多經驗，後來我下定決心，找來八位比較能和我溝通的同仁，另外成立 YouBike 事業部，調到這個新事業的人必須重新敘薪，和原本組織進行切割。人間諸事都是相同的道理，沒有做出來之前，都只是紙上談兵，台語有一句諺語說：「說的滿畚箕，做的沒有一湯匙。」一定要做下去才知道什麼是對、什麼是錯，商機在哪裡。

但即便後來爭取到標案，巨大董事會還是持反對態度，雖然我是董事長，但就像一隻孤鳥，頭幾年集團尾牙時，YouBike 事業部因為還是賠錢單位，這群同仁縮在角落看別的部門風光接受表揚，我也只能默默替他們感到委屈，和第一次環島出發前一樣，周圍所有人都持反對意見，我的心境也相同。

七十八歲的我，還親自跳下來帶領集團新事業，坦白說，內心一度很掙扎。到這個年紀還插手經營決策，如果太成功了，會不會反而打擊內部年輕主管的信心；萬一做失敗，多數同仁同樣對公司失去信心。這是兩難，做或不做，都不對。

後來我想通了，這是開創新事業，專業經理人未必能承擔風險，非得要老闆親自跳下來做不可，不然有太多事情，經理人無法拍板定案，最後新事業一定是半吊子。但這個新事業，一定要和原來的組織隔絕開來，重新歸零自負盈虧成敗。

我努力的方向，是做到隨時可以交棒，「創改會」運作更上軌道之後，自然就會產生共識，從中產生接替我的新領導人。巨大現已不再是開疆闢土、摸石頭過河的草創階段，要永續經營下去，必須靠團隊共同決策。

我任何時間都可以退休，之所以現在還在董事長的位子上，是因為還能扮演促進公司進步的動力，所以，我自己也要持續不斷學習。當我感受到自己成為公司進步之前的絆腳石，就是該退下來的時候了。

無須他人多言，每個人心裡都清楚，自己在團隊裡頭，扮演的究竟是進步動力，還是阻礙大家前進的分子。當然，前提是，把公司利益當成第一優先考量；如果考慮的是個人面子、權力問題，而遲遲不願意交棒，這個人心裡想的就是私利。

還有另外一個原因，也影響我非推動 YouBike 不可的決心。

二〇一一年三月，瑞士首都伯恩市（Bern）市長亞歷山大．沙帕特（

Alexander Tschäppät），在外交部官員陪同下來拜訪我，他說，台灣建構自行車島中外聞名，但到了台北市，怎麼看不到騎車的風氣呢？我當時回答他，未來只要有機會，一定會把台北市自行車路網這個缺口補起來。有這樣的潛因，我後來才有拚勁承接 YouBike 的ＢＯＴ續約案，也才看得到今天跨出台北，各縣市政府積極爭取導入的新局面。

從剛開始推廣 YouBike，到現在越來越蓬勃，每次上來台北開會，我經常會默默站在信義區的租車站旁，觀察前來刷悠遊卡取車的市民，看到大家騎車時臉上流露愉快的笑容，我內心真是非常感動，這樣的成就感，是賺再多錢都無法體會的。

說的滿畚箕，做的沒有一湯匙

光畫大餅、說大話，說多做少眼高手低，實際成績更是乏善可陳。引申在訂定經營計畫時，應切合實際，尤其要重視執行力，空談誤國，實幹興邦。

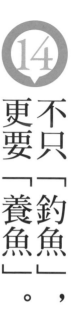

14 不只「釣魚」，更要「養魚」。

很多市民很可愛，騎了 YouBike 之後發現好騎，就跑到我們店裡來，指名要買同一款自行車，但捷安特並沒有賣這款特殊規格的車，他便轉而買單價更貴的高級車。

事實也證明，並不因為大家有了公共自行車可騎，就因此滿足，減少購買自行車的需求，反而，因為重新接觸自行車之後，更想擁有一部騎了能帶來更多樂趣的高級車。許多車友同時擁有登山車以及公路車等好幾部自行車，市場需求怎麼會飽和呢？直接的證據就是，捷安特在北部的門市，二〇一三年業績普遍成長約兩成，且多數都集中在高單價的車款。

建置 YouBike 不但可以節能減碳，更擴大推廣市民騎車風氣，大家騎到真正的好車，自然就能體會其中樂趣，這和我常用「未來決定現在！」強調企業經營的決勝點不在今天，而是在誰能掌握明天，理念是相通的。

「未來」有兩種，第一種是「大趨勢」，或經濟學家歸納得出的判斷，大家都知道該順應並掌握的，例如，中國大陸經濟崛起。

第二種是加入創意和努力，創造出的未來，通常決定走這條路，不是因為順從，而是想要「引領潮流」。具體來說，即是將符合未來趨勢的獨特性做法，加在大趨勢之上，積極促使它發生改變。

自行車產業已有兩百多年歷史，是一個完全成熟的產業，廠商越來越多，在汽車、機車等交通工具取代下，市場大餅並沒有真正成長，產品供過於求是市場現況。在這樣的供需條件下，自然形成價格競爭、價格破壞，市場秩序混亂。為求脫困，我們當然是往高級化的方向努力。

我觀察到的是，回顧自行車發展史，業界最久的知名品牌，都超過百年歷史，卻都已經轉了好幾手。像是英國萊禮（Raleigh，一八八七年創立，曾是全世界最大自行車製造廠）、美國世穩（一八九五年創立，曾是全美第一大自行車品牌），或日本的富士（FUJI，一八九九年創立，曾是日本最高級自行車品牌），這些曾稱霸業界的自行車品牌，公司到今天都還在，但經營者早已換人。

過去、現在、未來，並不在一直線上

到底，是產品出問題，還是人？

若說產品不對，但兩百多年來，自行車一樣還是輪胎和鏈條組成。既然產品沒有太大改變，但為什麼人在其中經營，卻沒有越經營越精熟，最後還做到倒閉，把品牌賣給別人？

所以，既不是行業不好，也不是產品不對。我只能說，這些業界前輩，沒有與時俱進調整，包括多元化開發產品，迎合潮流改變產銷模式，也沒有思考與人文生活結合。最要命的是，迷戀成功的輝煌，成功往往令人產生奇思怪想，以為自己那套成功方程式就是萬靈丹了，殊不知，過去、現在和未來，三個時點並不是在一直線上。

在我看來，自行車這個行業還有太多發展空間，中國大陸市場現在只是長苗階段而已，YouBike 在全台也才剛開始發酵，市場那麼大，還有太多的事情可以做。尤其，自行車已從交通代步工具，進化為 Cycling 的樂趣運動，可以開發的商機可說無窮無盡。別忘了，我們還是這行業的「江中鴨」，當然比別人更了解，該如何研訂長期發展策略，一步步往前踏出去。

但除此之外，還有一個致命的問題，就是即使有本事生產出引領設計潮流、品質精良的自行車，然而，高端市場卻並沒有這麼多需求。換言之，若只能陳列在車店的櫥窗內，沒有和更多消費者接觸，或消費者不曾體驗過，這類自行車和印象中騎起來很無奈的自行車，有什麼明顯差別，進而激發出他們騎自行車的樂趣，那麼業者再怎麼努力，都無法突破經營的天花板。

我是龍頭，「養魚」是責任

和所有傳統產業一樣，自行車行業面臨的最大限制，就是市場的胃納需求不容易擴大，甚至只會越來越小，若將市場比喻成一座魚池，就是大家只想在池子邊「釣魚」殺價爭取訂單，而不願意當「養魚」的傻瓜，培養並擴大消費群。這樣一來，當然釣客一多、時間一久，池中的魚便會越來越少，經營環境肯定越來越困難。

別人可以不「養魚」，但我巨大絕對不能不養魚，因為我是龍頭，規模也比較大，「養魚」變成我的責任和熱情。從現實考量，雖然我養的魚可能被別人釣走，但如果有一天大家都釣不到魚，我捷安特的損失一定最大。

根據市場調查資料，目前全世界騎自行車的人口不到二〇％，為了讓池子裡的魚一天比一天多，我們自然會想到，如何讓其他八〇％不騎車的人，走出戶外或放下高爾夫球桿開始接觸自行車，騎上癮之後，自行車就變成他生活的一部分。

二〇〇八年初，巨大創立 Liv 自行車女性專屬品牌，便是基於「引領潮流」的「養魚」思考。

在過去，全世界從來沒有人這樣賣自行車的。我們的想法是，有多數女性是不騎自行車的，但女性占總人口數的二分之一，只要女性願意騎車，市場需求就會成長一倍，就像以前也沒有女性穿牛仔褲，但現在穿牛仔褲的女生不見得比男生少，而當出門騎車的女性越來越多，她的男朋友、老公或小孩等家人，也會跟進騎車，無形當中，就又進一步擴大市場需求。

道理雖如此，但怎樣才能拉女性出門騎車？我們知不知道女性的真正需求是什麼？這些都很值得進一步推敲。既然決定要開發女性市場，就不能是玩票性質。我們大張旗鼓，在台北黃金商圈設立第一家 Liv 專賣店，開發女性專屬車種，以及時尚感十足的自行車衣、帽子和鞋子等配件；包括女性怕曬怕黑，我們也準備了戶外活動專用的保養品。

六年多下來，Liv 的銷售成績還有待努力，但這個方向是不會改變的，繼台中、高雄之後，捷安特也已跨出台灣，在東京、上海設女性專賣店。這些作為背後，就是「養魚」而不只是「釣魚」的市場戰略，但與其說是為滿足市場，更深一層的意義不如說，終極目的是為了推廣「自行車新文化」。

這是為什麼我那麼堅持，全心投入 YouBike 發展，大力投資Liv女性自行車品牌，認定是正確的經營方向。在我看來，**如果連自行車這麼古老的行業，都有機會翻身，其他行業一定也有轉型升級的空間**。很多人羨慕自行車業很團結，能夠同業合作成功翻身，讓台灣成為全球高級自行車的製造供應中心，全世界找不到第二個競爭對手，也紛紛想效法，但很遺憾，從成果來看似乎並不成功。

我分析起來，是其中欠缺了**「龍頭的使命感和熱情」**，如果每個產業都有一個真正有熱情的龍頭跳出來帶動，能做起來的一定不只自行車行業。

歹子賺飼爸

原本不被父母期待的兒子，卻因浪子回頭金不換，後來成為家中最重要的支柱。引申公司原本不看好、滯銷的賠錢貨，因做了改善，或市場需求改變，反而成為營收金雞母。

15 有故事，才有生命力。

二〇一四年十月，我應邀到日本愛媛縣的島波海道，參加當地政府舉辦的國際自行車大賽。當天，主辦單位封閉四國愛媛和本州廣島之間，長達四十六公里的高速公路，成為自行車專用道，在瀨戶內海的大橋上騎自行車，就像馳騁在海平面上，非常的過癮。

這次的大會辦得非常成功，吸引遠從三十一個國家前來、逾七千兩百位自行車車友，報名參加這個日本歷來最大的自行車大會，我一邊騎，心中也感觸良多。

一方面，兩年半前我才來這邊騎車過，當時沿路感覺很荒涼，根本沒什麼車子。愛媛縣知事中村時廣，為推廣當地的自行車騎乘風氣，三度來台拜訪我，希望學習巨大推廣自行車新文化的經驗。想不到，他們不做則已，一旦決定推動，不管是行政動員能力，或活動配套規畫，可說一步到位，一舉打響了島波海道在國際自行車界的知名度。

尤其，也跟進推廣自行車騎乘風氣的廣島縣，當地尾道市改造臨海廢棄倉庫，結合自行車銷售、租賃住宿與時尚餐飲，成為提供自行車騎士完全解決方案（Cyclist Total Solution）的「U2單車旅館」，更讓我大開眼界，那正是我心目中理想的單車全方位服務啊！

另一方面，我想到的是，在一九八〇年代初期，自行車這個行業原本掌握在日本人的手上，如今卻連根轉移到台灣手上；而我們雖只是一個小島，竟能在自行車文化方面，引導這樣的大國。

日本自行車產業之所以難再振興，最主要的原因之一，是因為國內市場有一定業務規模，業者只要滿足內需消費者，便可以存活，導致產品開發以通勤用、缺乏騎乘樂趣的淑女車為主，面對人陸、越南的低價自行車競爭，自然不堪一擊，產業迅速空洞化。

如今巨大不只是賣自行車，而是自行車時尚生活的推動者，不只力求技術創新，更須和人文結合。島波海道此行，我順道前往位於愛媛縣今治市的「毛巾美術館」（Imanbari Ichihiro）參訪，發現一條毛巾，居然因為與生活、人文結合，背後有故事，找到了新的生命。

如果不是愛媛縣官員送我今治毛巾，我還不知道，毛巾觸感可以做到這麼細軟，擦在身體上，竟有一股說不出來的溫馨感，可說是我用過的最好的毛巾。今治毛巾是精品，價格自然不便宜，我在毛巾美術館內買了一套，他們已打折優惠，還要台幣三千多元。

參訪過程中，我知道這些毛巾的棉花都是美國產的，他們也在大陸的大連等地設廠，日本當地只留下極小部分的觀光工廠生產線，但居然還能行銷這麼高檔次的毛巾，並結合藝術和生活，從毛巾延伸出好幾個樓層的豐富美術館藏。從這個角度看來，任何行業永遠都有成長的空間，誰敢說我們自行車行業，已經做到極致、碰到天花板了呢？

用錢買來的忠誠度很差

毛巾和自行車一樣，我們的子子孫孫都用得到，時代潮流的演變是沒有止境的，永遠都需要符合時代的產品。往往，**我們在看待產品有沒有競爭力**，只想到「價格」，其實在價格之外，還有產品的精緻度，**最重要的是內涵和故事**，才能促進產業繼續進步。

為什麼故事那麼重要？怎樣才能有故事？

我認為，品牌的存在一定要有生命力，有故事才有生命力。花錢做行銷，或砸錢找明星代言、買知名度和形象，雖然也有一定效果，但耗費的資源和回報，是極不成比例的。若今天請大牌明星站台，讓捷安特自行車因此熱銷，那我們如何能區分出，消費者是因為產品好買我們的車？還是因為衝著海報上的明星？也無法判斷這個成功，多少比例是靠我們自己努力來的，更何況，用錢買來的顧客忠誠度非常差，就像花錢交朋友一樣，無法找到能交心的對象。

若要進一步說明，則必須要談我內心最在意、推廣超過二十年的「自行車新文化」。

簡單來說，自行車做得再好，擺在店內櫥窗，消費者不可能知道騎起來是什麼感覺；就算我到處演講宣傳，跟大眾說明騎自行車有多少好處，台下聽眾充其量也只是點點頭，知道不過就是老翁騎車這麼一回事。「自行車新文化」聽來很抽象，無法拿出具體的樣品給大家看，**沒有親自體驗、不騎車的人，永遠不知道騎車的美好。**

正因為想推廣騎車的美好，巨大才會義無反顧的創立Liv女性時尚單車品牌，開發另一半的騎車人口；在日月潭提供高級自行車租賃服務，提供民眾騎好車享受環湖美景；深知長途騎車補給維修不便，便成立捷安特旅行社，首創由技師隨團，帶領車友前往國內外騎車等，這是市面上沒有的旅遊型態。

從經營面來說，現階段，台灣自行車產業雖有穩定訂單，產品出口價格持續創新高，已經很不錯了，但接下來呢？光靠訂單絕對不夠，不管是整體產業或個別品牌，都要有內涵和故事，以及對消費者的重視，一定要站在消費者立場，設想他們是怎麼感受我們的產品。

巨大的創改已經進入深水區，要繼續深耕品牌，核心一定是研發人才，但投資研發的成效，往往無法立竿見影，以我們公司為例，不管背景多優秀，進到研發部的同仁，五年內能有具體貢獻的很少，差不多都要十年以上資歷，才能深入了解市場和產業，開發出對的產品。

我們向來不做跟隨市場、割稻仔尾（台諺：割稻仔尾，不是指「收割稻子的尾端」，而是指「別人收割完稻子之後，再進到田裡去撿一些零零碎碎的穀粒」）的商機，說實話也做不來，所以，大家一定要有繼續做「Only One」的信仰，走適合自己唯一的路，這條路也許不好走，但就算走好走的路，也未必等於會有好結果。

死搥釘死蟑螂

一隻蟑螂已經被打死了，卻還拿相同的槌子，繼續打這隻死蟑螂。引申做事不懂得變通，死抱過去成功經驗，更因停止學習，老狗玩不出新把戲。

16 我一直在學，學習年輕。

挑戰環島成功帶來的成就感，不但拚出意志力和自信心，也讓投入自行車行業大半輩子的我，享受騎車的樂趣。**「開車太快，走路太慢，騎自行車才能留住人生的美好風景。」**這幾句話，是我打從內心，最想和大家分享的體會。

我開始騎車後，身體明顯變得更健康，原本因遺傳和年歲增長帶來的老毛病全都不藥而癒，精神變得更好，也更有活力。最重要的是，因為心態開放，變得願意積極嘗試新的事物，更喜歡車友叫我一聲「標哥」，表示年輕朋友願意接受我，而不再是帶給旁人嚴肅壓力的「劉董事長」。

也因為騎車，讓我結交到很多原本生活圈內交不到的新朋友，擴大生活領域和交際圈。另一個意想不到的好處是，我開始學習年輕，不管是學如何使用 Line 傳訊息、交換可愛貼圖，或在巨大集團尾牙時，上台高唱深受年輕人歡迎的偶像團體蘇打綠樂團版本的〈追追追〉，這些原本年輕世代專屬的趣味，如今都豐富了我的生活。

從自己到公司都變年輕

運動確實可以改變人生觀。騎車之後的我，和以前的我，變得很不一樣。

以前的我，不要說騎自行車上班，就連從台中家裡開車到大甲公司，一路上也都呵欠連連，一直打瞌睡，踏進辦公室便板起臉孔做董事長，不隨便和人開玩笑，社交應酬能免則免，也比較不願意和年輕人互動哈啦。

簡單講，就是心態上很保護自己，不像現在認識很多車友，常常和年輕人

Line 過來 Line 過去的，喜歡大家都叫我「標哥」，而不是董事長。

開始騎車，發現不一樣的新自我，「發現新自我」明確的意思是，第一次環島挑戰成功之後，對於多年來認為自己老了，或老人該有的毛病都有的事實，我統統給否定掉了，等於認識了一個全新的自己。從這個基礎上，發展出來的新自我，便成為具備願意持續學習新事物、接受新挑戰的開放心態。不只我個人，整個公司的氣氛都活絡起來，士氣也高昂許多。

尤其，**個性變得外向樂觀，是騎車帶給我的明顯改變之一**。

因為這樣，心情也變得開朗許多，進到辦公室，大家越來越樂意和我講話互動，常常週末在路上騎車，可能是我穿一身車衣，騎的又是高檔公路跑車，特別醒目，被許多路人或車友認出，我也不再覺得渾身不自在，反而有一種喜悅的心情，只是常常覺得滿失禮，畢竟「眾人認識和尚，但和尚不認識眾人」。

記得有一次，兩位榮總醫師騎自行車在路上，認出我是捷安特老闆，要我幫他們簽名，但雙方身上都沒有帶筆，其實我可以到附近 7-ELEVEN

買枝筆幫他簽，但當時我一句話「身上沒有帶筆」，馬上就推辭掉了。事後想起，其實我可以更友善點，這件事到現在我還耿耿於懷。

後來我出門騎車，就養成隨身帶一枝油性筆的習慣，有人要我簽名就派得上用場；大家跟我打招呼，實際上我並不認識對方，也一定揮手或說謝謝；路人要求和我合照，我也樂意裝可愛配合。

內向就無法推銷自己

互動，在這社會上很有必要。人跟人之間的了解非常重要，要有互動，才可能產生互信，就算主動打招呼對方不領情，也沒有關係。有些人很得人緣，很願意主動跟人家問好，有些人則比較內向，我認為，**內向的人通常比較吃虧**，連打招呼都覺得害羞的人，不容易讓別人親近了解，不知道你在想什麼，也不知道你的能力有多少，自然你就沒辦法推銷自己。

現在的我認為：我沒有老過！這話講起來不管是文法和常識，都說不通的，八十歲的人，怎麼可能沒老過呢？但確實，**我的心態因為不斷持續**

學習，所以沒有老過，這個學習不只對事物的學習，也包括學習怎麼和年紀比我小的車友溝通，縮短和年輕人之間的距離。

年輕人因為倫理觀念，對長輩有所尊重，但其實常把年紀大的長者撇在一旁，我很不願意看到這種情形。當然，以為車友琅琅上口喊我「標哥」，彼此就真的沒有距離，也是騙人的，但我敢說，至少縮短了很多隔閡。

最重要的是，很多人熱中自行車卻虎頭蛇尾，騎一陣子就不騎了，只有我年紀那麼大，到今天還一直騎，並奉行每週至少騎三天、一次騎三十公里的「一三三〇」法則，長期下來，不管是體力或騎乘技巧，都不斷進步，才變成今天這樣。如果我也是斷斷續續騎車，勢必也會和一般老翁沒兩樣。

常常反對我騎車的，都不是年輕人，而是年紀和我最接近的七十幾歲友人，比起叫我「標哥」的年輕朋友，我和他們之間的代溝，似乎反而更大，這真是有意思。老友所持的理由不外是，年紀這麼大還騎車，擔心我一個人騎車趴趴走，安全堪慮。大家的好意我全心領，但我常常覺得，**如果做什麼事，都害怕跌倒，老是擔心這憂慮那，那麼，想做的事根本沒辦法做。**

確實，意外很難避免，以我環島為例，前後兩趟，路上都曾發生跌倒的意外。

第一趟是在嘉義市區的一個十字路口，綠燈亮時我一馬當先往前衝出去，卻因為燈號變化過快，被內側一輛闖紅燈的小客車撞倒，手和膝蓋都擦破皮流血了。

第二趟是在出發第二天，抵達中部通霄精鹽廠休息站的前一秒，因為一邊騎車一邊開心的舉手，向前來準備陪騎下一段的巨大同仁致意時，沒注意到路面凸起的減速條，不慎打滑，整個人摔了出去，手臂還被劃出一道長長傷口。

我後來檢討反省，問題都出在自己，不是沒有遵守紀律，緊跟領騎人員依序出發；就是眼見終點已在眼前，而過於鬆懈大意，忽略到路況的變化。

發生意外當下，說內心一點都不害怕，是騙人的，畢竟，這樣的年紀，生理條件不若年輕人，也有人建議是不是先暫停行程，或就醫檢查後再評估，但我在處理完傷口、冰敷之後，還是馬上決定繼續上路。因為，如果只為這麼一點小傷、怕跌倒，就放棄既定的行程和目標，還算什麼騎士呢？

◎標哥台灣諺語談管理

甘願做牛，免驚無犁通拖

願意捲起袖子幹就不怕沒工作，敢拚就有路！引申企業經營，實踐，是通往成功的唯一路徑，做實業也才能永續經營。

17 跨出去，因為本來就有夢！

電影《練習曲》相當程度改變我的人生，但很多人也看了這部電影，卻不見得和我一樣，因此踏上環島的旅程，發現不一樣的自我。

為什麼會有這樣的差別？

答案是：我本來就有夢！「有些事現在不做，一輩子都不會做了」那句對白，剛好把我一腳踢上路。

雖然我對外界說，騎車環島這個夢想，在我心中已經存在十多年，但其實，應該說，早在三十年前，這個夢想就已在我心中萌芽了。

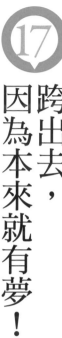

一九八五年，我接任中華民國自由車協會理事長，從製造端跨入當時全然陌生的運動競技領域，這才發現，看來看去，原來國內的自行車選手，就那幾張熟面孔，巨大有心培訓專業運動員，但只憑一己之力很難立竿見影。我們決定透過舉辦國際賽事，從促進自行車競賽風氣著手。因此，也才有之後一九八八年起舉辦的「國際自由車環台公路大賽」（Tour de Taiwan）。

決心要做的事，我一定會下深功夫，但巨大畢竟是自行車賽事的門外漢，想辦的還是正式的國際賽，台灣也沒有這方面的經驗，該怎麼辦呢？

經由捷安特歐洲分公司同事的安排，我到有近百年歷史的環法賽現場實地考察，想辦法坐到教練車裡面，聽教練講解觀看比賽，仔細觀察相關配套做法，才有初步的概念。

其實，最困難的，還是找不到選手，得到處拜託人家來參加比賽，因此，巨大不只辦活動，也成立「捷安特體育基金會」（二〇〇〇年更名為「自行車新文化基金會」），贊助選手培訓和出國參加比賽等。

但當時台灣最根本的問題，是除了上學、買菜外，國內騎乘自行車的人口實在太少。當時，宏碁集團董事長施振榮倡議打造台灣成為「科技島」，著重產業面的提升，讓台灣的產品走入世界；我則是想，如果光談科技發展，沒有休閒運動配合強化國人健康，也無法真正有體力拚經濟，因此，便提出建構台灣為「自行車島」，與「科技島」相輔相成。

靠傻勁鼓勵大家騎車

大家都知道，不像北歐或荷蘭，在台灣，自行車是不受交通法規保護和規範的，提出這個構想時，很多人就笑我：「劉董，你的口氣比力氣大！」就連前總統李登輝來巨大參觀，雖很同意這個想法，但他也問：「那路權呢？你要騎什麼路？」

雖沒辦法一步到位，要求各縣市政府在原本已擁擠的市區設置自行車專用道，但至少可以先從河濱公園等現有場地開始吧。捷安特捐贈車輛設租賃點，還提供後續維修服務。隨後，包括台東、花蓮等地方政府，也跟進設自行車道。到我第一次環島前，全台自行車道已經超過一千兩百多公里，連起來可繞行台灣一周。

二〇一四年我二度環台，騎到台東池上那天，晚宴上，遠從美國前來陪騎的兩位自行車大廠崔克（TREK）副總裁，以提前替我慶生為理由，送來崔克執行長約翰・伯克（John Burke）的一份賀禮，那是一張裱褙精美、一九三四年環法賽的賽事地圖，正是我出生那一年。我既驚喜更是非常珍惜這份費心挑選的貴重禮物，國外友人隔海認同我多年來堅持的夢想，可說一切盡在不言中。

還有一回，在和中村時廣知事分享推動自行車新文化的做法時，他跟我提到，當時再過一個月就要面臨知事改選的他，選前幾乎不靠跑行程拉選票，他的想法是，如果選民認同他的理念和任內的所作所為，自然會投票給他，政治人物不應是平常不見人影，等快要選舉才急忙來拜託搶票。

當下我告訴他，這樣的理念我完全能理解，更是百分之百認同，因為，我也是從沒有開口過，拜託別人買捷安特的自行車，卻常常靠一股

「傻勁」，鼓勵大家騎車，認同我的夢想。

這種做法一開始雖不容易看到成效，但時間越長，所得到的共鳴，卻是遠遠超過一開始的期待和想像。我騎車環台時，遇到很多素昧平生的人，沿途大聲喊：「標哥加油！」，拿著手寫「標哥，我愛你！」的紙板為我打氣，或主動號召車隊前來陪騎，這樣的場面，都是我作夢都不曾想像過的啊！

我的夢：讓台灣成為「自行車樂園」

巨大創業的時候，因為國內沒有市場，只好轉攻外銷市場，布局海外成立直營的銷售公司，反而成為巨大成長的動力。直到現在，台灣內需市場，仍占我們非常有限的銷售比率。以二〇一三年為例，巨大在全球總計生產六百三十萬輛自行車，但若以銷售金額看，台灣市場只占其中四%，中國大陸、北美和歐洲，才是主要市場，分別各占二七%、二五%以及二二%的銷售比率。

我常提醒年輕人，台灣是島國經濟國家，稍具規模的公司，都要靠外銷，國內市場真的很有限，如果經營自行車只看國內市場，巨大一定死得很難看。

我總比喻，台灣實在太小了，好像浴缸，人跳進去水就溢出來；世界好像太平洋，人跳下去不會有任何影響，所以一定不能待在浴缸裡做判斷。人口多的國家，經濟的深度和廣度夠大，台灣海島經濟體機會不多，大家看問題和思考事情，往往深度不夠，凡事講求速成，這也和國際觀不足有關。

我一直鼓勵年輕世代轉頭望向海外，讓自己的能力和國際接軌，或至少要有國際水準，千萬不要抱著台灣什麼都最好的心態，只看到台灣、看到自己。

尤其，自二〇〇八年底發生金融海嘯之後，美國帶頭實施的QE量化寬鬆貨幣政策，印這麼多鈔票在市場流通，導致全球資金氾濫，造成世界各國銀行低利率的普遍現象，這是過去從來沒發生過的事情。敢賭的人拿銀行的錢做投資、炒房地產，賭贏了自認好功夫，賭輸卻是存款戶埋單，但實際上，賭博完全靠機運，押對了只能說是運氣好，根本和功夫好壞，一點關係都沒有。

一個人或一家公司能不能拒絕機會財，通常也牽涉到，能不能用長遠的眼光想事情，是否具有國際觀。

看過大陸中央電視台拍攝的《大國崛起》紀錄片，就知道大國的輝煌，往往是此一時也彼一時也。西班牙曾是全世界第一的海洋強權國家，但現在卻落魄成這樣，淪為歐債風暴中心。英國最近好一點，但和以前大英帝國輝煌時期比，還是顯得失色許多。美國固然有優勢，金融遊戲的規則都是她訂的，鈔票印多了理當要貶值，或產生通貨膨脹，偏偏全世界人人都在用美金，等於大家幫美國的國債埋單，實際上是非常惡毒，長期來講，這對美國國力而言，一定會帶來變化的。

但問題來了，現在進到投資市場的人，因為貨幣氾濫，短期看起來可能很有利頭沒錯，但稍有國際觀的人都看得出來，這絕對不是常態。

我擔心的是，一直印鈔票，錢很多，股票、房地產投資太好賺，助長金融投機和房地產遊戲，造成貧富懸殊的社會問題，年輕人受此影響，放棄踏實的價值觀，也想賺機會財，又因為台灣特殊政治與媒體環境的影響，長期以往「只看見自己，看不見世界」，如何自我提升視野，和國際接軌呢？

日本人有一句話，「自己長住的地方，就是皇宮。」確實，台灣沒什麼不好，人民的素質也很高，但世界各國有太多東西可以學習。不管是金融市場的遊戲規則，或者是科技創新，台灣都還只是跟在歐美國家後面，就連中國大陸的高鐵技術，如今也能做到輸出海外的地步，我們捫心自問，台灣有哪幾個產業，是居於領導世界的水準？

我內心一直有一個夢想，既然台灣自行車產業實力領導全世界，當然可以讓全世界的人來台灣，騎到最好的自行車，就像要滑雪，很多人會想到瑞士，以後人們騎自行車，會想到台灣一樣，成為全世界車友心目中最棒的「自行車樂園」。這個夢做得很大，一定會有人嘲笑我，但我深深相信，透過傳布「自行車新文化」，這是可以達到的目標。

如同騎自行車以前叫「Biking」，現在用的是「Cycling」這個新字，到今天都還找不到我認為適合的中文翻譯，「自行車新文化」正是這樣一個過去不曾有的事情。到底什麼才是真正的「自行車新文化」？其實，我也還在持續探索當中，唯有靠大步跨出去，一步步不停地前進、落實，才能找到答案。

歸暝全頭路，天光沒半步

睡前滿腦子都是天馬行空的點子，但一覺醒來之後，卻不見執行力落實。引申企業訂定發展目標，對於過程的管理，應遠比結果來得重要許多。

附錄1

專訪日本自行車傳教士愛媛縣知事中村時廣：

「劉董是我在台灣的父親！」

時間：二〇一四年九月

地點：日本愛媛縣政府

《商業周刊》記者尤子彥問（以下簡稱問）：聽說您曾經從台北騎自行車到宜蘭，挑戰北宜公路的九彎十八拐？

愛媛縣知事中村時廣答（以下簡稱答）：是啊，那次是和巨大執行長羅祥安一起騎的，如果現在叫我再去騎一次，我一定不要（大笑）。

問：談談您認識巨大集團劉董事長的過程，是怎樣的緣分開始？

答：三年半前，那時我剛當選知事，想推出一個政策，將連接四國和本州之間，串起六座小島的「島波海道」自行車道活用，並向全世界推廣。一開始並沒有想得很深，只是思考，是不是和世界第一的自行車製造公司連結，是最快的捷徑？於是，當我知道世界第一的製造商是巨大，便在二〇一一年底，來台與台北溫泉季進行城市交流活動之後，前往台中與劉董事長見面。當時，我還不知道他是怎樣的人，但因為這次見面，讓我徹底改變對自行車的想法。

問：這個改變和您原來對自行車的想法，最大的差別是什麼？

答：在日本，自行車是通勤、上學或購物的交通工具，但劉董事長教我一件事，如果活用自行車，可以帶給人們三個好處：一**是健康**，二**是生活的意義**，三**是透過車友連結情誼**，**這就是自行車新文化的內涵**，聽到這席話，帶給我很大的衝擊。

原本我想的，只是提出如何振興島波海道觀光的方案，但聽劉董事長一席話，體認到捷安特認為車子能不能賣出去，只是次要重點，企業的使命感，是要透過自行車帶給每個人幸福的感覺，自己便覺得相當慚愧。原本僅向他預約一小時的談話，最後我們談了三個小時，影響我最深的，就是他對於「自行車新文化」的根本想法。

劉董事長說，他要當世界的自行車傳教士，而我現在對自己的目標，就是要當日本的自行車傳教士。

問：在這之前，您不曾接觸自行車運動嗎？

答：只有一次而已。那次和劉董事長談完話之後，他為了讓我理解現在的自行車和以前多麼不一樣，馬上寄了一部試乘車給我，剛好我也想騎自行車，就請捷安特把請款單也寄給我。這是我的第一部自行車。

另外一件事也讓我非常難忘。

我拜訪劉董事長那時，他原本計畫半年後，到日本另一個地方（編按：北海道）去騎自行車，我跟他說雖然您的計畫已經在進行了，但如果可能，可不可以變更行程，到島波海道騎一趟。他回覆我：「如果知事能跟我一起騎，我一定會去。」半年之後（二〇一二年五月），劉董事長真的就過來騎自行車。

不只如此，他來島波海道騎車之前，還送給愛媛縣一份大禮，在今治市開一家提供高級自行車租車服務的捷安特直營店，聽說捷安特在日本鄉下開店，今治是第一家，我真的被他的果斷力嚇了一大跳。

問：您第一次和劉董騎車，騎了多遠距離？

答：劉董事長那趟來騎島波海道，我陪他從松山騎到今治約四十公里，第二天又騎了七十多公里，他那趟四天總共騎了兩百六十公里，我只陪他騎一百二十公里左右。那是非常快樂的體驗，當下我就產生也要當自行車傳教士的想法。

同年九月，他邀我去日月潭騎環湖公路，再來就是騎台北到宜蘭那趟。要去日月潭之前，我聽說劉董事長受了傷不能騎，但當天他還是負傷陪我一起環湖。

問：您打過羽球、也跑過馬拉松，和其他運動相較，騎自行車最不一樣的樂趣是什麼？

答：自行車和馬拉松，帶來的個人健康、生活意義追求，以及交朋友等的好處，其實滿類似的，但自行車對身體的負擔比較小，移動距離也比較長，對我來說更具魅力。

問：所以，如果不是劉董曾來這邊騎車，愛媛就不會舉辦「瀨戶內島波海道・國際自行車大賽」了嗎？

答：是的，沒有錯。因為有劉董事長的當面啟發，以及他來愛媛騎車之後，引起日本媒體熱烈報導，讓我下決心要辦好國際自行車節，這也是日本頭一次舉辦這樣大型自行車活動。

由於島波海道不只在愛媛縣內，還連接到廣島縣，要舉辦國際性的自行車活動，必須兩縣攜手合作。舉例來說，須增加包括在車道上標示提醒汽車駕駛人，與自行車騎士分享路權的藍線（Blue Line），在沿途休息點增設供專業自行車擺放的專屬車架等，增加友善騎乘環境的基礎建設。此外，原本自行車通過島波海道是要收過路費的，經我們和相關部門交涉，從今年七月起，全線已免收自行車通行費了，這在日本國內也是一大創舉。

問：怎會有封閉島波海道高速公路，舉辦大型自行車活動的想法？

答：如果能在寬廣且景色極佳的高架橋上騎車，將可享受有如在海上奔馳的爽快感覺，因此，有了封閉高速公路的想法，這也是日本第一次在高速公路上舉辦自行車活動，難度確實相當高，但和我希望將島波海道推向全世界，活化地方經濟的初衷相符。

愛媛縣在推廣自行車風氣上，雖然起步較慢，但現在卻是最具代表性的，今年六月，美國CNN將島波海道評選為「世界最美麗的七條自行車道」之一，也逐漸吸引國內很多其他鄉鎮的團體來考察。但我感覺，他們還是只把自行車當成振興觀光的一個活動而已，和我一開始想法一樣，而我的想法會改變，正是因為認識了劉董事長。

問：既然也身為自行車傳教士，您接下來打算如何繼續推廣自行車騎乘風氣？

答：我除了兩年多前開始騎自行車外，也要求縣政府同仁一起騎自行車，後來推廣到愛媛縣所屬的二十個市、町首長，以及縣議員；今年則鎖定各企業的社長。這些高層人士騎自行車，將成為媒體報導焦點，一般人看到這些人這個年齡還能這樣騎車，也會改變對自行車的刻板認知，產生進一步接觸的念頭。

在我「半強迫」（笑）推廣下，大家的反應都很熱烈，我內人看我每次騎車都這麼快樂，也買了一輛自行車，家裡的汽車也裝了自行車攜車架，週末有時間兩個人就一起去騎車。

除了騎車外，我也要求每個市町首長今年之內，一定要辦一個自行車的相關活動，我會盡量參加，上週就參加了一個二十公里路程內，爬坡一千公尺高度的挑戰路線。我最終目標是要打造愛媛縣成為日本自行車新文化發源地，讓島波海道成為車友們最想造訪的「自行車聖地」，愛媛縣成為「自行車樂園」。

接下來，愛媛縣還會持續推動各項相關基礎建設，未來三年，標示有「藍線」的道路，會從目前的一百餘公里，增加到一千四百公里，成為日本第一個全縣境內都設有自行車路線的地方。日本微軟（Microsoft）也以公益支持的方式，製作縣內二十六條自行車路線景點的影音網站「愛媛マルゴト自転車道」。此外，松山市內的電車，上個月開始可以攜帶自行車上車；我們正和私人營運的鐵路公司，洽談結合鐵道旅行的自行車列車，過去在日本沒有這樣想法，都是我在台灣看到的。

再說一個和台灣有關的例子。

愛媛縣縣政府所在地是松山市，台北市也有一個松山，兩邊都有一個「松山機場」，二〇一三年十月，我實現了從過去擔任松山市長開始，花了八年時間推動的「松山—松山」，全世界唯一兩個同名機場包機對飛的夢想。為促成這件事，過程當中，我曾多次到台灣拜訪相關單位，一位交通部民航局的官員對我說：「中村知事你像鱉一樣，一旦咬住就不放手。」推廣自行車新文化也是一樣，我也會緊抓目標不放手！

問：您曾在公開場合上說過，劉董事長是您「在台灣的父親」。為什麼如此形容和他的關係？

答：我確實受到劉董事長非常大的影響，跟劉董事長第一次見面時，就被他的人格特質和溫和的感覺打動，這真的是非常難形容的感覺。我知道他是一位非常成功的企業家，對自己也非常嚴格，但他對人、對事的謙虛態度，讓我覺得非常了不起。特別是，七十三歲時為了推行自行車新文化，騎車繞行台灣一圈，不是為公司賣更多車，而是讓大家了解騎自行車的好處。且為了實現環島，開始騎自行車上班，做健康管理，這樣的做法，說易行難，但他說到做到，普通人是不會這樣的，我非常敬佩。

日本有句話說，稻穗是越飽滿越低垂，劉董事長就是這樣的一個人，他這麼成功卻又如此謙虛，讓我很難忘。不只稱他為我「在台灣的父親」，劉董事長的女兒 Vicky（自行車新文化基金會執行長劉麗珠），也像我在台灣的姊姊，她還教會我唱〈愛拚才會贏〉這首台語歌呢。

問：劉董事長帶給您的人生觀影響是什麼？

答：（沉思片刻）和一個人相遇往往是命運性的時刻。人的生命是有限的，有限的人生一定要過得非常有意義，遇到非常棒的人，會讓人生變得很豐富，這是我對於人生的想法。

因為要珍惜每一天，所以當遇到相同理念的人，就會好好交往下去。劉董事長是這樣的人，我也是這樣的人。可以說，認識劉董事長之後，讓我更珍惜這樣的想法。

附錄2

巨大集團重要紀事

一九七二年
- 巨大機械工業股份有限公司成立於台中縣大甲鎮，劉金標為創辦人，資本額新台幣四百萬元，員工三十八人，第一年產銷成車約三千八百輛。

一九七六年
- 巨大轉虧為盈。
- 訂定「以最高品質與合理價格貢獻社會」為公司基本營運方針。

一九七七年
- 投入重資裝置自動靜電塗裝設備。
- 首度榮獲經濟部外銷績優獎。

一九八〇年
- 興建台中大甲新廠，躋身為全國最大、亞洲第二之自行車製造廠。
- 首次榮獲經濟部國貿局之金貿獎「外銷績優經濟部長獎」。

一九八一年
- 在台灣成立捷安特（股）有限公司，擴展自有品牌捷安特（GIANT）的行銷業務。

一九八二年
- 劉金標獲選第八屆十大傑出企業家。
- 羅祥安獲選台灣第二十屆十大傑出青年。

一九八五年
- 劉金標榮膺中華民國自由車協會理事長（一九九三年卸任）。
- 開始與台灣工研院材料所共同開發碳纖車。
- 成車年銷售量突破一百萬輛。

一九八六年
- 為建立自有品牌國際行銷網，於荷蘭成立捷安特歐洲公司。

一九八七年
- 成立捷安特美國、德國公司。
- 碳纖車開發成功，開啟巨大集團採用複合材料新紀元。

一九八八年
- 董事長劉金標卸任總經理兼職，由羅祥安接任（後經組織變更為執行長）。
- 成立捷安特英國、法國公司。

一九八九年 • 成立捷安特日本公司。
一九九〇年 • 成立財團法人捷安特體育基金會，推動體育文化活動（二〇〇〇年改組為自行車新文化基金會）。
• 導入新的企業識別體系（CIS），塑造企業及品牌新形象。
一九九一年 • 成立捷安特澳洲、加拿大公司。
一九九二年 • 台灣自行車輸出業同業公會成立，劉金標當選首任理事長。
一九九三年 • 投資一千二百萬美元於江蘇昆山設立捷安特（中國）有限公司。
• 碳纖車榮獲第一屆「國家產品形象金質獎」。
一九九四年 • 巨大機械股票在台上市（股票代號：九九二一）。
一九九五年 • 台灣總廠及大陸昆山廠榮獲日本 SAFETY GOODS 認證。
一九九六年 • 投資新台幣五億元於荷蘭設立捷安特歐洲裝配廠。
• 通過ＩＳＯ九〇〇一品質保證認證。

一九九七年

- 設立泉新金屬製品（昆山）有限公司，生產鋁擠型製品（二〇〇九年併入捷安特輕合金科技公司）。

一九九八年

- 贊助西班牙ONCE車隊。
- 電動自行車Lafree正式在台上市。
- MCR碳纖車榮獲美國《商業週刊》評選為最佳創新產品。
- ATX-ONE 登山車榮獲《遠東經濟評論》評選為亞洲創新獎。

一九九九年

- 成立捷安特登山車隊 The Global Giant Mountion Bike Team。
- 電動自行車 Lafree，榮獲第七屆國家產品形象金質獎。
- 雙避震越野競賽車 XtC DS-1 榮獲荷蘭最佳年度車種。

二〇〇〇年

- 在台灣成立巨瀚科技（股）有限公司，專業開發生產碳纖車架。
- 捷安特商標正式編入中國「國家重點商標保護名錄」。
- 成立捷安特波蘭子公司，正式進入東歐市場。
- XtC NRS1 榮獲美國年度風雲車種。

二〇〇一年

- 二度獲得經濟部「全球營運卓越楷模金質獎」。
- 在中國成立昆山捷安特輕合金科技有限公司。
- 榮獲《富比世》（*Forbes*）雜誌選為全球兩百家最佳小型企業前二十名。

二〇〇二年

- ONCE 車隊拿下環法賽團體總冠軍，大幅提升捷安特品牌形象及產品研發實力。
- 再度獲《富比世》雜誌評選為全球兩百家最佳小型企業之一。
- 工業局核准巨大在台成立全球營運總部。
- MR4 折疊車榮獲德國 iF Design Award。

二〇〇三年

- 捷安特獲選「台灣二十大國際品牌」第六名。品牌價值二．一一億美元。
- 劉金標獲得香港蔣震工業慈善基金會「傑出企業領袖獎」。
- 在美國成立 BMX 車隊。
- 巨大與同業及協力廠商共同成立 A-Team，成功使自行車業根留台灣，並提升台灣自行車產業之研發及製造實力，成為全球高級車供應中心。

二〇〇四年

- 成立捷安特（成都）公司。
- Revive 舒適車榮獲第十二屆國家產品形象金質獎。
- 捷安特榮獲外貿協會「台灣優良品牌」。
- 捷安特品牌獲得中國「馳名商標」認定。
- 聯經出版《騎上峰頂》一書。
- 劉金標獲得經濟部「推廣台灣國際品牌特別貢獻獎」。
- 贊助 T-Mobile 車隊，並拿下環法自行車賽團體總冠軍。
- 巨大所贊助之車手在雅典奧運拿下二銀一銅。

二〇〇五年

- 第三度獲得《富比世》雜誌評選為全球兩百家最佳小型企業之一。
- 劉金標獲選為 Discovery 頻道精選《台灣人物誌》主角之一。
- TCR Advanced 碳纖車榮獲第十三屆國家產品形象金質獎。
- 成立捷安特電動車（昆山）有限公司，發展電動車。
- 劉金標榮獲上海「全球華人企業領袖終身成就獎」。

二〇〇六年

- Maestro 全方位避震車榮獲第十四屆台灣精品金質獎。

二〇〇七年

- 成立捷安特（天津）公司。
- 劉金標以七十三歲高齡完成全程九二七公里之自行車環台挑戰，並由天下出版《我的環台夢》一書。
- 劉金標榮獲安永「年度創業家大獎」。
- 集團營收突破十億美元，相當於新台幣三三一億元。
- 贊助 Team High Road 車隊，為 UCI Pro Tour 級車隊。
- 榮獲第十六屆經濟部產業科技發展獎「卓越創新成就獎」。

二〇〇八年

- 榮獲天下雜誌「最佳聲望標竿企業」車輛製造業榜首。
- 榮獲勞委會職訓局國家訓練品質標竿——金牌標竿單位。
- 劉金標榮獲經濟部第九屆工業精銳獎「卓越成就獎」。
- 劉金標入圍體委會運動精英獎「全民運動推展獎」。
- Expedition RS0 在荷蘭榮獲年度風雲車款。
- 成車年銷售量突破六百萬輛。
- 《捷安特傳奇》由天下文化出版。
- 成立 Liv/giant 品牌及團隊，為女性消費者提供更舒適的騎乘經驗和生活。

- 執行長羅祥安領軍「A-Team 自行車環島」活動，見證 A-Team 的團結與對自行車的熱情。

二〇〇九

- 成立捷安特（韓國）公司。
- 劉金標獲聘總統府資政（二〇〇九年迄今）。
- 劉金標以七十五歲高齡挑戰「京騎滬動」，完成長達一、六六八公里，自北京至上海之騎行活動。
- 在中國成立江蘇捷安特文體基金會。
- 在台灣成立捷安特旅行社，正式跨足自行車旅遊事業。
- 劉金標被美國《自行車專業雜誌》（*Bicycle Retailer & Industry News*）評選為「年度國際風雲人物」。
- Accend 1 榮獲 iF EUROBIKE 設計獎城市車類別金獎。

二〇一〇年

- 羅祥安執行長當選台灣自行車輸出業同業公會第七屆理事長。
- 成立捷安特（昆山）有限公司。
- 劉金標完成個人第三次自行車長征「騎心荷力」環荷蘭五天五百公里自行車之旅。
- 由策馬入林文化出版《夢想的騎點：跟著標哥京騎滬動》。

二〇一一年

- 劉金標榮獲第二十屆國家品質獎個人獎實踐類。
- 「轉動台灣向前行」活動吸引超過十一萬人參與圍繞台灣騎行，其中七二，九一九人並締造金氏世界紀錄。
- Giant Factory Off Road Team 車手 Danny Hart 贏得二〇一一年世界下坡錦標賽冠軍。
- 成立捷安特墨西哥公司。
- 在大陸成立捷安特單車運動服務（昆山）有限公司，從事自行車旅遊推廣。
- 集團執行長羅祥安率領全球二十二位總經理完成「騎遇福爾摩沙」環島活動。

二〇一二年

- 經濟部工業局「二〇一二台灣創新企業排名」第九名。
- Giant 所贊助 Robobank 女子車隊，車手 Marianne Vos 榮獲倫敦奧運女子公路賽金牌。
- 劉金標率領公司高階主管，赴日進行「踩動樂活綠世界——日本島波海道之行」。
- 東洋經濟新報社出版由野島剛所編寫日文版《銀輪巨人》。
- 巨大獲選經濟部首屆十大卓越中堅企業。

二〇一三年

- 推出空氣力學公路車 Propel，被自行車權威雜誌《Velo》評選為全球最快與最佳空氣力學車款。
- 捷安特「獲選台灣二十大國際品牌」第七名。品牌價值三・八六億美元。二〇〇三到二〇一三連續十一年。
- 由天下翻譯出版中文版《銀輪巨人》。
- 集團營收新台幣五四四億元，創歷史新高，為全球最大自行車集團

二〇一四年

- 劉金標率車友赴日參加「二〇一四日本島波國際自行車節」。
- 劉金標獲頒亞洲大學名譽管理學博士學位。
- 劉金標以八十歲高齡挑戰十二天九六六公里「標風環台，騎創未來」成功，完成第二次環島。
- 榮獲《天下》雜誌「最佳聲望標竿企業」車輛製造業榜首。二〇〇八年到二〇一四年連續七年。
- 推出全球唯一女性自行車專屬品牌 Liv。
- Team Giant-Shimano 車手 Marcel Kittel 騎乘 Propel 戰駒贏得環法賽四個單站冠軍。
- 贊助 Team Giant-Shimano，成為第一個以主冠名方式支持一級職業車隊的台灣自行車品牌。

沒有唯一，哪來第一——捷安特劉金標與你分享的人生思考題

口　　述　劉金標
撰　　稿　尤子彥
商周集團榮譽發行人　金惟純
商周集團執行長　王文靜
視覺顧問　陳栩椿

商業周刊
出版部總編輯　余幸娟
編輯總監　羅惠萍
責任編輯　羅惠馨
封面、內頁設計、排版　巫麗雪
內文攝影　程思迪
出版發行　城邦文化事業股份有限公司-商業周刊
地　　址　104台北市中山區民生東路二段141號4樓
傳真服務　（02）2503-6989
劃撥帳號　50003033
戶　　名　英屬蓋曼群島商家庭傳媒股份有限公司城邦分公司
網　　站　www.businessweekly.com.tw
製版印刷　中原造像股份有限公司
總 經 銷　高見文化行銷股份有限公司 電話・0800-055365
初版1刷　2015年（民104年）1月
初版19刷　2016年（民105年）3月
定　　價　320元
I S B N　978-986-6032-78-3

國家圖書館出版品預行編目資料

沒有唯一，哪來第一：捷安特劉金標與你分享的人生思考題 / 劉金標口述 ; 尤子彥撰稿 . -- 初版 . --
臺北市 : 城邦商業周刊 , 民 104.01
面；　公分
ISBN 978-986-6032-78-3(平裝)
1. 自我實現　　2. 成功法
177.2　　103023767

紅沙龍

Try not to become a man of success but rather to become a man of value.
~Albert Einstein (1879 - 1955)

毋須做成功之士，寧做有價值的人。 —— 科學家　亞伯·愛因斯坦